www.ingramcontent.com/pod-product-compliance
Lightning Source LLC
LaVergne TN
LVHW010216070526
838199LV00062B/4618
* 9 7 8 9 3 5 8 7 2 6 5 8 9 *

وطنیات

(مضامین)

سید مجاور حسین رضوی

© Syed Mujawir Husain Rizvi

Wataniyaat (Essays)
By: Syed Mujawir Husain Rizvi
Edition: February '2024
Publisher :
Taemeer Publications LLC (Michigan, USA / Hyderabad, India)

ISBN 978-93-5872-658-9

مصنف یا ناشر کی پیشگی اجازت کے بغیر اس کتاب کا کوئی بھی حصہ کسی بھی شکل میں بشمول ویب سائٹ پر اَپ لوڈنگ کے لیے استعمال نہ کیا جائے۔ نیز اس کتاب پر کسی بھی قسم کے تنازع کو نمٹانے کا اختیار صرف حیدرآباد (تلنگانہ) کی عدلیہ کو ہوگا۔

© سید مجاور حسین رضوی

کتاب	:	**وطنیات** (مضامین)
مصنف	:	**سید مجاور حسین رضوی**
پروف ریڈنگ / تدوین	:	اعجاز عبید
صنف	:	تحقیق و تنقید
ناشر	:	تعمیر پبلی کیشنز (حیدرآباد، انڈیا)
سالِ اشاعت	:	۲۰۲۴ء
صفحات	:	۱۶۴
سرورق ڈیزائن	:	تعمیر ویب ڈیزائن

فہرست

(۱)	اردو شاعری میں قومی یکجہتی کی روایت	6
(۲)	اودھ میں ادبی صناعی	18
(۳)	ہند۔ایران تعلقات: تہذیبی تناظر میں	55
(۴)	اردو کیوں پڑھیں؟	65
(۵)	سنگم سے بیدر تک	69
(۶)	مولانا محمد علی جوہر اور قومی یکجہتی	76
(۷)	چراغ دیر	87
(۸)	مولانا ابوالکلام آزاد اور آزادی کا تصور	99
(۹)	صدائے زنجیر سے صریر تک	113
(۱۰)	ادب اور صحافت اور نیا دور کا منظر نامہ	119
(۱۱)	ہندوستانی کلاسیکی روایت کی بازیافت	128
(۱۲)	غالب اور اٹھارہ سوستاون	147
(۱۳)	اترپردیش میں آج اردو کا موقف	159

(۱) اردو شاعری میں قومی یکجہتی کی روایت

ارنسٹ ریناں کے خیال میں ایک قوم ماضی کی قربانیوں کے شعور اور مستقبل میں مزید قربانیاں دینے کی رضامندی کے احساس سے جنم لیتی ہے۔ مشترکہ دکھ اور مشترکہ تجربات ایک قوم کی تعمیر و تشکیل میں مثبت کردار ادا کرتے ہیں۔

ہندوستانی تاریخ کا تسلسل بھی ہندوستانی قومیت کی تعمیر میں بہت اہم رہا ہے۔ ہندوستان میں مختلف نسلوں کے افراد رہتے ہیں۔ مختلف مذاہب اور عقائد یہاں کی رنگا رنگ زندگی کا جزو ہیں۔ تھوڑے تھوڑے فاصلہ سے مختلف زبانوں کی بنیاد پر لسانی خطے ہیں۔ لیکن اس کثرت کے باوجود ہندوستان میں ہمیشہ ایک بنیادی وحدت رہی ہے۔ ہندوستان کے کسی علاقے کا باشندہ ہو، وہ کہیں بھی ہو، اپنے کو ہندوستانی ہی کہتا ہے۔ پنڈت نہرو لکھتے ہیں:

"میں سمجھتا ہوں کہ تاریخ کے کسی حصے میں بھی ایک ہندوستانی نے ہندوستان کے کسی بھی حصے میں اپنے لئے یگانگت محسوس کی ہوگی اور کسی بھی دوسرے ملک میں اپنے کو اجنبی محسوس کیا ہوگا۔'

دراصل یہ باطنی احساس اور یہ نفسیاتی اور جذباتی ہم آہنگی کا تصور قومیت کی تشکیل کرتا ہے۔ قومیت ایک روحانی جذبہ یا اصول ہے جو ایک ہی وطن کے باشندوں اور ایک ہی تاریخی ورثہ رکھنے والوں کے دلوں میں پیدا ہوتا ہے۔ قومیت کا یہ جذبہ زبان و ادب، رسم و رواج، معاشرتی آداب، عادات و خصائل، پیداواری ذرائع، اخلاقی و جمالیاتی نظام،

اجتماعی احساسات اور ان سب سے بڑھ کر ایک روحانی لہر ہوتی ہے جو تمام افراد کو ایک رشتہ میں پرو کر انہیں اکائی کی شکل عطا کرتی ہے۔

ہندوستان میں جنوب سے لے کر شمال تک، مشرق سے لے کر مغرب تک سارے ہندوستانی اپنے عادات وخصائل کی خوبیوں اور خامیوں کی بنیاد پر ایک جیسے نظر آتے ہیں۔ ان کی تاریخی وراثت بھی ایک رہی ہے، ان کے دکھ سکھ اور تجربات بھی مشترکہ رہے ہیں اور تمام تر اختلافات کے باوجود اس کثرت میں وحدت کی تمنا اور تڑپ رہی ہے اور یہی کثرت میں وحدت قومی یکجہتی کے شعور کو تاریخ کے ہر موڑ پر زندہ اور متحرک رکھتی رہی ہے۔

قومیت کا یہی مشترکہ باطنی احساس قومی یکجہتی کا پہلا اور بنیادی ستون ہے حالانکہ قومی یکجہتی کی اصطلاح اردو شاعری کے لئے زیادہ قدیم نہیں ہے بلکہ تقریباً ساٹھ برس قبل اثر لکھنوی نے ایک نظم لکھی تھی جس کا عنوان "درس اتحاد' تھا۔ اس نظم میں انہوں نے لفظ یکجہتی کو وسیع تر مفہوم میں استعمال کیا ہے اور سمجھایا ہے کہ یکجہتی کیا ہے۔ کہتے ہیں

الفت ہوئی رسم پارینہ
ہے اس کی جگہ دل میں کینہ
اگلوں کے چلن ہم بھول گئے
وہ رسم کہن ہم بھول گئے
آپس کی رواداری اٹھی
الفت اٹھی یاری اٹھی
وہ یوگ رہا نہ وہ پریت رہی
بس اک نفرت کی ریت رہی

یکجہتی جب مفقود ہوئی
اور فکر زیان و سود ہوئی
وہ جذب کی طاقت سلب ہوئی
توفیق ہدایت سلب ہوئی

بہ ظاہر یہ محسوس ہوتا ہے کہ اس میں یکجہتی کا تصور نہیں ہے، لیکن ذرا سا غور کرنے پر یکجہتی کے لئے کلیدی اشارے مل جاتے ہیں۔ مثلاً یکجہتی کے لئے (۱) باہمی الفت ضروری ہے، اس کو رسم پارینہ نہیں بنانا چاہئے البتہ (۲) ہمیں اپنی روایات کو جس کی بنیاد باہمی محبت و احترام پر ہے فراموش نہیں کرنا چاہئے اور یہی اگلوں کا چلن تھا۔ (۳) رواداری ہندوستانی تہذیب اور تاریخ کی اساس ہے اور اسی سے یکجہتی حاصل ہوتی ہے۔ رواداری ہی کا جزو باہمی احترام ہے اور اسی باہمی احترام کی کوکھ سے وسیع النظری جنم لیتی ہے۔ یہ رواداری ختم ہو رہی ہے۔ (۴) رواداری، وسیع النظری، باہمی احترام اور اپنی روایات کے تسلسل کو فراموش کرنے کا نتیجہ ہوتا ہے سود و زیاں کی فکر۔ اجتماعی سود و زیاں کا مفہوم ہوتا ہے دوسرے وجود کو نہ برداشت کرنا اور رنگارنگی کو یک رنگی میں بدلنا۔

یہ سارے امور اثر لکھنوی کی "درس اتحاد" میں موجود ہیں۔ یہ چوتھی دہائی کی نظم ہے اور اس وقت قومی یکجہتی کا شعور پیغام اتحاد کا دوسرا نام تھا۔ اس وقت غلامی کا مشترکہ دکھ اور تقریباً ڈیڑھ سو برس کے انتشار کی تاریخ اور سیاسی عدم استحکام کا مظاہرہ قومی وحدت کے شعور کو آواز دے رہا تھا۔ یہ تمنا اور تڑپ تھی کہ آزادی ملے، انتشار کے بجائے شیر ازہ بندی ہو۔

لیکن اس دور کے حالات میں تیوریوں میں لچکتے ہوئے خنجر، خون آلودہ آستینیں، شکستہ دامن اور الجھی ہوئی شخصیتیں ایک دوسرے سے دست و گریباں تھیں۔ کیفی جیسے

شعراء ایک طرف ان حالات کا تجزیہ کر رہے تھے جنھوں نے ملک میں منافرت کا زہر پیدا کر دیا تھا اور بدیسی سامراج، لڑاؤ اور حکومت کرو کی پالیسی پر کار بند تھا۔

تم نے اپنوں سے لے لیا بدلہ
خون کے ایک ایک قطرے کا
لیکن اس سے ملا سکے نہ نگاہ
کر دیا جس نے زندگی کو تباہ
روئے کشمیر سے چرالی آب
لوٹ لی شان و شوکت پنجاب
زلف بنگال الجھ کے بکھرا دی
صبح کاشی پہ دھوپ دوڑا دی
ہو گئی مالوے کی نیند حرام
رات دیکر اودھ سے لے لی شام

ان تمام اشعار میں ہندوستانی تہذیب کی حسین وراثت کا بھی ذکر ہے اور اس کا بھی تذکرہ ہے کہ کس طرح قومی وحدت کے فقدان کی وجہ سے یہ عظیم تہذیبی سرمایہ منتشر ہو رہا تھا۔

۱۹۴۵ء سے ۱۹۴۷ء تک کی تاریخ میں کئی دھارے نظر آتے ہیں۔ دوسری جنگ عظیم ختم ہو چکی تھی۔ نازی ازم اور فاشزم کو شکست فاش ہوئی تھی۔ نو آبادیاتی نظام کے گھروندے جن کی بنیاد جبر پر تھی، ٹوٹ رہے تھے۔ تمام ایشیائی ممالک میں بیداری کی نئی لہر پیدا ہوئی تھی اور بیشتر ممالک نے غلامی کی زنجیروں کو توڑ پھینکا تھا۔

ان سب کا اثر ہندوستان نے قبول کیا تھا اور دوسری طرف پس منظر میں پوری تاریخ

تھی، جہد آزادی کی قربانیوں کی، خون سے لکھی گئی تاریخ جس میں جلیان والا باغ، موپلا کسانوں کی بغاوت، بھگت سنگھ کی شہادت، سائمن کمیشن، نہرو رپورٹ، ڈانڈی مارچ، بنگال کا قحط، ۱۹۴۲ء کی تحریک، ۱۹۴۵ء میں آزاد ہند فوج کے سلسلے میں قومی تحریک اور پھر ان سب کے ساتھ فرقہ واریت کی سڑی ہوئی لاش اور فرقہ وارانہ فسادات جو ۱۸۹۲ء میں بھی ہوئے اور ۱۹۲۷ء میں بھی ہوئے اور پھر ۱۹۴۶ء میں فسادات کے اس خونی سیلاب میں نواکھالی، بہار اور پنجاب تک نہا اٹھے تھے اور انہیں حالات میں جب ملک مشتعل تھا، متحد نہیں تھا تو ہندوستان آزاد ہوا۔

کچھ دنوں پہلے جو آوازیں گونجی تھیں کہ
اٹھو برق کی طرح ہنستے ہوئے
کڑکتے، گرجتے، برستے ہوئے
غلامی کی زنجیر کو توڑ دو!
تو آہنی طوق تو گل گیا لیکن

"آخر کار ہندوستان نے آزادی حاصل کر لی مگر بہت بڑی قیمت پر اور بڑے اذیت وہ طریقے سے اس تقسیم کو منظور کرنا پڑا"۔

تقسیم کا یہ زخم اردو ادب کے لئے روح فرسا تھا۔ اردو کا وجود متحدہ قومیت، مشترکہ تہذیب، مشترکہ ہیروز، مشترکہ تجربات کی بنیاد پر ہوا تھا اور ان سارے تصورات کو آگ اور خون کی ہولی کھیلنا پڑی تھی۔

اس دور میں اردو کے شعراء نے اس بہیمت، اس فرقہ وارانہ عصبیت اور ساتھ ہی ساتھ قومی یکجہتی کی شہ رگ کاٹنے والے رجحانات کی سخت مذمت کی۔

کسی بھی اردو شاعر کے یہاں ایک مصرع ایسا نہیں مل سکتا جس میں فرقہ وارانہ

منافرت ہو بلکہ راہی معصوم رضا، وامق جون پوری، غلام ربانی تاباں، سلام مچھلی شہری، ساحر لدھیانوی اور کمال احمد صدیقی وغیرہ نے اپنی نظموں میں ایک طرف تو فسادات کے خلاف آواز بلند کی، دوسری طرف ہندوستانیوں کو متحد کرنے کی بھرپور کوشش کی۔ گاندھی جی فرقہ واریت کی صلیب پر مصلوب کر دیئے گئے مگر اسی کے ساتھ وہ قومی یکجہتی کی علامت بن گئے۔ وہ ایسی تاریخی صداقت بن گئے جو ہزارہا برس کے مشترکہ کلچر کے تسلسل کا تاریخی نتیجہ تھا۔ انہیں مجاز نے تاج وطن کا لعل درخشاں" کہا۔ جوش نے "ہند کا شاہ شہیداں '، سلام نے "باغباں 'کی علامت استعمال کی اور وامق نے "وطن کا میر کارواں 'کہتے ہوئے لکھا

وہ چاند جو غروب ہو گیا تھا بن کے آفتاب
دلوں کو اک نئی شعاع زندگی میں گوندھتا
بلند ہوتا جا رہا ہے مشرقی فضاؤں میں
پھر اتحاد کے پھریرے کھل گئے ہواؤں میں
غلط کہ میر کارواں
غلط کہ اپنا پاسباں
نظر سے دور ہو گیا
نظر سے دور ہوتے ہی نظر میں کھینچ کے آ گیا
ہماری روح کے شکستہ تاروں کو ملا گیا!

یہ قومی یکجہتی کا بھرپور تصور ہے اور اتنی مکمل علامت ہے کہ جس کا ہر لفظ اپنے اندر ایک جہاں معنی رکھتا ہے۔ "شکستہ تار 'کا استعارہ اس انتشار کی نشاندہی کرتا ہے جو فرقہ وارانہ منافرت کی بنیاد پر تفریق کا سبب بن گیا تھا۔

اس طرح ۱۹۵۰ء سے ۱۹۶۱ء تک اردو شاعری مسلسل ان طاقتوں سے نبرد آزما رہی جو ملک میں انتشار پھیلانا چاہتی تھیں اور یکجہتی کی دشمن تھیں۔ اسی پانچویں دہائی میں سیکولرازم کا تصور ابھرا جو قومی یکجہتی کے سلسلہ میں دوسرا اہم ترین ستون تھا۔ سیکولرازم کا کوئی رابطہ لامذہبیت سے نہیں ہے یعنی اس عمومی تصور سے کہ سیکولرازم کا مطلب ہے کہ کسی کا کوئی مذہب ہی نہ ہو اور وہ لامذہب ہو جائے۔ چنانچہ ایم۔ این رائے صاحب نے سیکولرازم کی یہی تعریف کی تھی کہ سیکولرازم نام ہے مذہب سے چھٹکارا پانے کا لیکن گندر گدر نے اسی طرح کے جالوں کو صاف کرتے ہوئے بھگوت گیتا کی روشنی میں یہ بتایا کہ تمام مذاہب کا یکساں احترام ہونا چاہیے۔ ہندوستانی سیکولرازم کا پہلا بنیادی اصول یہی ہے۔

اپنے مخصوص نظریات و دوسروں پر مسلط کرنا سیکولرازم نہیں ہے فراخدلی اور رواداری کے ہرگز یہ معنی نہیں ہیں کہ دوسروں کو خوش کرنے کے لئے اپنے معتقدات اور تشخص سے بے نیاز ہو جائے یا قومی دھارے کے نام پر اپنی انفرادیت سے ہاتھ دھو بیٹھے۔ ہندوستانی سیکولرازم نے ہمیشہ اسی پر زور دیا کہ چمن میں ہر رنگ کے پھول ہیں اور قومی یکجہتی کا مفہوم رنگا رنگی میں یک رنگی اور ہم آہنگی سمجھا جائے نہ کہ محض یک رنگی اور انضمام۔

رواداری میں باہمی احترام تھا۔ ایک کو ختم کرد کے دوسرے کو مسلط کرنا نہیں تھا چنانچہ اردو شاعری نے ماضی کے ہیروز یا عظیم شخصیتوں میں مہاویر جی، سری کرشن جی، راجہ رام چندر جی، گوتم بدھ، گرونانک، حضور سرور کائنات ﷺ، حضرت علیؑ اور حضرت امام حسینؑ کی شخصیتوں کو اپنے ہیروز میں شمار کیا ہے۔

لیکن اردو شاعری نے ہندوستانی عوام کو ہندوستانی قومیت کی تشکیل و تعمیر کے لئے ایسے ہیرو دیئے اور ایسے افراد کو اپنی روایات کا جزو بنایا جن کی شخصیت ہر اعتبار سے نہ

صرف اختلافات سے بلند تھی بلکہ یگانگت اور ہم آہنگی کی علمبر دار بن کر رہنمائی کا فریضہ بھی انجام دے سکتی تھی۔ ان شخصیتوں میں تاریخ کے ایسے روشن اور تابناک پہلو تھے جن کی بنیاد ایثار و قربانی، حق و صداقت، میل و محبت، اخوت و رواداری اور اعلیٰ ترین انسانی قدروں پر تھی۔ اردو شاعری نے تاریخ سے لکشمن، بھرت، ارجن، نل اور دمینتی، ہریش چندر، رضیہ سلطانہ، اکبر، چاند بی بی، رحیم، جہانگیر، گرو نانک، سراج الدولہ، موہن لال، میر مدن، ٹیپو سلطان، بہادر شاہ ظفر، لکشمی بائی، گوکھلے، مولانا محمد علی جوہر، بھگت سنگھ، واجد علی شاہ اختر جیسے افراد کو منتخب کر کے اپنے شعری روایات کا جزو بنا کر مشترکہ ہیروز کا سیکولر تصور پیش کیا اور اس طرح ہندوستانی قومیت کی تعمیر میں نمایاں کردار ادا کیا۔ یہ سارے افراد، اردو شاعری میں کہیں نہ کہیں اور کبھی بار بار نظر آتے ہیں۔

یہ عظیم شخصیتیں ہمارے ماضی کا شاندار اور باعظمت ورق ہیں۔ گزشتہ پچاس برس میں یوں تو کئی شخصیتیں ابھریں لیکن ان میں سے کچھ کو ہی ملک گیر مقبولیت حاصل ہو سکی چنانچہ مہاتما گاندھی، پنڈت نہرو، لال بہادر شاستری، جے پرکاش نرائن، مولانا آزاد، ڈاکٹر رام منوہر لوہیا، شیخ محمد عبداللہ، اندرا گاندھی، راجیو گاندھی ایسی شخصیتیں ہیں جنہوں نے تاریخ میں اپنی جگہ بنائی لیکن ان میں سے بہت کم اردو شاعری کا محور و مرکز بن سکے۔

چھٹی دہائی سے قومی یکجہتی کا باضابطہ تصور شروع ہوا۔ ۱۹۶۱ء میں قومی یکجہتی کانفرنس میں ان تمام عناصر کی نشاندہی کی گئی جو قومی یکجہتی کی راہ میں رکاوٹ تھیں۔ قومی یکجہتی کا جو سیاسی تصور قومی یکجہتی کونسل کی طرف سے پیش کیا گیا تھا اس میں کہا گیا کہ:

"ہندوستان میں ہمیشہ ایک بنیادی وحدت رہی اور ایک ممتاز انفرادیت، حالانکہ

سیاسی وحدت اور حصول آزادی نے اس سالمیت کی توثیق کر دی ہے پھر بھی انتشار پسند، علیحدگی پسند رجحانات عوامی ایکتا کے شیرازے کو منتشر کرنا چاہتے ہیں۔ ان رجحانات میں فرقہ واریت، ذات پات، علاقائیت اور لسانی تاثر اہم ہیں'۔

قومی یکجہتی کی تعریف کرتے ہوئے کہا گیا:

"قومی یکجہتی ایسا نفسیاتی عمل ہے جس سے وحدت، ایکتا اور جذباتی ہم آہنگی کے تصورات عوام کے دلوں میں بیدار ہوں اور مملکت سے وفاداری اور مشترکہ شہریت کا شعور پیدا ہو'۔

قومی یکجہتی کونسل کی اس تعریف میں مشترکہ شہریت کے بجائے ہندوستانیت کا لفظ ہونا چاہئے، اس لئے کہ ہندوستانیت کا شعور روحانی بھی ہے اور تہذیبی بھی ہے اور یہی ہندوستانیت حقیقی معنوں میں قومی یکجہتی ہے اور یہی قومی یکجہتی حب الوطنی بھی ہے اور وطن پرستی بھی۔

چنانچہ ہندوستانی تاریخ میں کئی موڑ آئے جب اردو شاعری کا کارواں پوری طاقت کے ساتھ، ہندوستانیت کے شعور کے ساتھ حب الوطنی کا پرچم بلند کئے انتشار پسند طاقتوں سے نبرد آزما رہا۔ ۱۹۶۲، ۱۹۶۵، ۱۹۷۱ء کی لڑائیوں کے بعد بہت سارے نازک اور حساس موضوعات ملک کی سیاسی تاریخ کا محور و مرکز بنے، ان میں جہاں علاقائیت کا رجحان تھا جو ملک کی سالمیت کے لئے خطرہ بن سکتا تھا، یا لسانی جارحیت کا پہلو تھا جو بے حد خطرناک نتائج کا حامل ہو سکتا تھا یا تشخص اور انفرادیت کے نام پر ذات پات کا نظام تھا جس کی جہتیں ملک کو مختلف سمتوں میں لے جانا چاہتی تھیں۔ یہ سارے گوشے تو تھے ہی، ان میں سب سے خطرناک رجحان انتہا پسندی یا تشدد اور جنگجویانہ حکمت عملی و دہشت گردی کا ہے جو ہندوستان جیسے ملک کے لئے جس کا بنیادی فلسفہ عدم تشدد اور رواداری رہا

ہو وہاں بندوق کی نال اور گولیاں سوہان روح ہیں۔

یہ رجحان اب ایسی منزلوں پر آگیا ہے جہاں اس کا مقابلہ نہ سیاسی داؤں پیچ سے کیا جا سکتا ہے نہ اعلانات، وعدوں اور سیاسی نعرے بازی سے۔ اس رجحان کا اگر مقابلہ ہو سکتا ہے تو تہذیبی سطح پر اور ادب کے ذریعہ ان رجحانات کی بیخ کنی کی جا سکتی ہے۔

عام طور سے یہ کہا جاتا ہے کہ جسے شعر کہتے ہیں وہ تزکیہ نفس اور تطہیر جذبات کا نام ہے۔ اس طرح کی شاعری یا شاعری میں اس طرح کے عناصر کی تلاش اگر تضیع اوقات نہیں تو غیر ادبی عمل ضرور ہے اور یہ کہ صحافیانہ طرز کی شاعری یا پروپیگنڈہ شاعری کی کوئی قدر و قیمت نہیں۔ اکثر بہت ثقہ قسم کے دانشوروں نے یہ ارشاد فرمایا کہ اردو شاعری میں قومی یکجہتی کے عناصر اور ازیں قبل کی تلاش بد ذوقی ہے۔ نعرہ بازی شاعری نہیں ہے۔

'آواز دو ہم ایک ہیں'

"وطن کی آبرو خطرے میں ہے ہوشیار ہو جاؤ'

یا اسی طرح کے نغمے مخصوص حالات میں تالیاں تو بجوا سکتے ہیں لیکن ان کی ادبی قدر و قیمت نہیں ہو سکتی۔

یہ درست ہے کہ ادب مملکت کے ہاتھوں اخبار ٹیلی ویژن یا ریڈیو کی طرح حکومت کی تشہیر یا پروپیگنڈہ کا ذریعہ نہیں بن سکتا۔ یہ بھی درست ہے کہ شاعر سے یہ مطالبہ نہیں کیا جا سکتا کہ وہ ہاتھ میں قلم لئے بیٹھا رہے اور کوئی حادثہ ہو، کوئی سانحہ ہو اور وہ شعر کہنا شروع کر دے۔ یہ بھی ممکن نہیں ہے کہ کسی عبادت گاہ کی شہادت یا بے حرمتی شاعری کا موضوع بن جائے۔ اسی طرح بہت سارے ایسے واقعات ہیں جو ملک گیر اہمیت رکھتے ہیں، مثلاً کرکٹ ٹیم کی فتح یابی یا لتا منگیشکر کی گیت و نغمہ کی زندگی کی نصف صدی یا محترمہ

کرن بیدی کا ایوارڈ پانا یا محترمہ نتھلیش یادو کی بے نظیر جرأت، ہمت، شجاعت اور دیوی درگا جیسا کردار یا کھیتوں میں پیداوار میں اضافہ۔ یہ شاعری کے موضوعات نہیں بن سکتے۔ اسی طرح بڑھتی ہوئی آبادی جس طرح ملک کو بحران کے آتش فشاں تک لے آئی ہے یا بجلی اور پانی کے مسائل جو ہر روز اہمیت اختیار کرتے جارہے ہیں یا ہر روز بڑھتی ہوئی گرانی یا پھر بین الاقوامی سطح پر سوویت یونین میں اشتراکیت کا المیہ اور اس کی تقسیم، بوسنیا میں نسل کشی کی کوشش، دوسری جنگ عظیم کے دوران روسی سپاہیوں کا ایک لاکھ نوے ہزار عورتوں کے ساتھ زنا بالجبر اور اسی طرح کی اطلاعات۔ تو کیا پھر ان سب پر شعر کہے جائیں گے۔ کیا ہمارا موضوع سخن ایک ایک لمحہ کی بوند میں سمٹ کر رہ جائے گا؟

یہ وہ سوالات ہیں جو اکثر و بیشتر کئے جاتے ہیں اور اگر ان کا جواب اثبات میں ہو تو پھر قومی یکجہتی اور قومی ایکتا پر شعر کہنے کا جواز ہو سکتا ہے، ہنگامی موضوعات کو شعری و فکری نگاہ کا مرکز توجہ بنایا جاسکتا ہے۔

یہاں دو باتیں غور طلب ہیں:

(۱) کیا کسی زبان کا کوئی شاعر اپنے عہد اور اس کے عصری تقاضوں سے یا تاریخ کے کسی کربناک لمحہ سے بے نیاز رہ سکا ہے؟ کیا دمشق کی بربادی پر سعدی کے اشعار کوئی اہمیت نہیں رکھتے؟ کیا چھ سپاہیوں کی موت کی وادی میں پیش رفت نظم کا موضوع نہیں بن سکی؟ پھر میر صاحب کے وہ اشعار جن میں دلی کا دل دھڑکتا ہے ادبی معیار پر پورے کیوں نہیں اترتے؟

آج یہ سوچنا پڑے گا کہ بہت سے مسائل ایسے ہیں کہ اگر ادیب اور شاعر ان سے صرف نظر کرتے ہیں تو شاید ادبی تاریخ انہیں معاف کر دے مگر ان کے ضمیر انہیں کبھی معاف نہیں کر سکیں گے۔

اصل بات یہ ہے کہ موضوع مہتمم بالشان ہو تو بھی شاید اگر نکات فن سے بے خبر اور اپنے رویہ کے اعتبار سے خام کار رہے تو بے ثباتی دنیا پر نظیر اکبر آبادی کے قطعہ جیسا شعری کارنامہ وجود میں آئے گا اور یہی موضوع میر صاحب کے ہاں چار مصرعوں میں کائنات کو زیر وزبر کر دے گا۔ شعری رویہ جس میں جذبے کی شدت اور اظہار کا خلوص دونوں شامل ہیں دراصل ساری اہمیت اسی کی ہے۔ کچھ لوگوں نے واقعی شعر نہیں کہے بلکہ نعرے لگائے، مگر جب شعر کہے تو راہی معصوم رضا کی "سب سے چھوٹی اقلیت' وامق کی "میر کارواں' مظفر شاہ جہانپوری کی "ہے خام شعور آزادی' جیسے کارناموں نے جنم لیا یا پھر وہ ہزاروں شعر وجود میں آئے جو اردو شاعری کے روایتی استعارہ سے سجائے گئے۔ کیا انہیں کوئی فراموش کر سکتا ہے؟

اس لئے قومی یکجہتی پر لکھی جانے والی ہر نظم یا اشعار کو نظر انداز نہیں کیا جانا چاہیے بلکہ ان کی ادبی قدر و قیمت کا تعین ہونا چاہیے۔

دوسری اہم بات یہ ہے کہ آج تشدد، انتہا پسندی اور جنگجویت کے ہاتھوں اگر ہماری تہذیب، ہمارا ادب، ہماری اخلاقیات جل کر خاکستر ہو گئیں تو ہم جمالیات کی تلاش کہاں کریں گے، حسن کہاں نظر آئے گا۔ وہ جو جلے ہوئے مکانوں اور لاشوں کی بستیاں آباد ہو رہی ہیں کیا انہیں دیکھنے کے بعد شاخ گل کی یاد رہ جائے گی۔

گزشتہ نصف صدی میں قومی یکجہتی کو کئی خطرات پیش آئے، ملک کی سالمیت کو خطرہ، فرقہ واریت، علاقائیت، ذات پات، طبقاتی استحصال وغیرہ کا خطرہ، لیکن جو خطرہ آج درپیش ہے وہ کبھی سامنے نہیں آیا تھا۔ یہ خطرۂ تیسری جنگ عظیم (جو کبھی نہ ہو خدا کرے) ہے۔

(۲) اودھ میں ادبی صناعی

صناعی تخلیقی ہنر ہے۔ تخلیق کے تین مدارج ہیں:

(۱) تخلیق محض (۲) ایجاد یا انوکھا پن یعنی بدیع (۳) بیان اور اس کا حُسن

یہی حُسن، ایجاد و انوکھے پن سے مل کر اور تناسب و فن پیدا کرتا ہے جسے صناعی کہا جاتا ہے۔

اگر کائنات کی حقیقت پر غور کیا جائے تو یہ معلوم ہو گا کہ خداوند عالم خالق بھی ہے، بدیع المساوات والارض بھی ہے اور صانع مطلق بھی ہے، اس کی صناعی کا ایک کرشمہ وہ ہے جسے حُسن کا نام دیا جاتا ہے۔

ادبی تخلیق میں بھی جو حُسن ہوتا ہے وہ صناعی کا رہین منت ہوتا ہے۔ صناعی میں بیان کی وہ نزاکتیں بھی ہوتی ہیں جنہیں تشبیہ، مجاز استعارہ اور کنایہ کہتے ہیں اور الفاظ کا وہ آہنگ بھی ہوتا ہے جو نجم ارغنی کے مطابق "کلام میں ایسی خوبی پیدا کرتا ہے کہ کانوں کو بھلا معلوم ہو اور دل میں اثر کر جائے'۔ یہاں اتنا اضافہ ضروری ہے کہ الفاظ کے وجود اور پیکر کا احساس قوت حاسہ ہر طرح کرتی ہے ہم بولتے ہیں تو ساخت کو محسوس کرتے ہیں، کبھی کبھی تو اس کا ذائقہ چکھنا پڑتا ہے۔ سنتے ہیں تو ناگواری اور خوش گواری کی منزلوں سے گزرنا پڑتا ہے۔ دیکھتے ہیں تو کمر خمیدہ دال (د) یا چنیں بر جبیں تشدید خوبصورت بالوں کی چوٹی والی میم (م) یا زلفوں والا لام (ل) ان سب کی شکلیں بھی ایک دوسرے سے مل کر مخصوص صوری پیکر تیار کرتے ہیں۔

ادب انسانی احساسات کا وہ دھند لکا ہے جہاں الفاظ سے معنی روشنی میں آجاتے

ہیں۔ عمل فن کا مطالبہ کرتا ہے اور یہ فنکاری حُسن پیدا کرتی ہے اور انہیں محاسن سے صناعی وجود میں آتی ہے۔

ادبی تخلیق میں سب سے اہم الفاظ ہوتے ہیں بلکہ حقیقت یہ ہے کہ سب کچھ الفاظ ہوتے ہیں حالانکہ ابن محتیبہ نے چار صورتیں بتائی ہیں، لفظ و معنی اچھے ہوں، لفظ اچھے ہوں، معنی اچھے نہ ہوں۔ معنی اچھے ہوں لفظ اچھے نہ ہوں، لفظ و معنی دونوں اچھے نہ ہوں۔ لیکن اس بیان سے یہ معلوم ہوا ہے کہ ابن قتیبہ کے نزدیک لفظ الگ کوئی چیز ہے اور معنی الگ کوئی شئے ہے۔ ایسا نہیں ہے۔ دراصل لفظ کا استعمال ہی معنی کی تخلیق کرتا ہے اور یہی لفظ اپنی ترتیب سے جہاں معنی آباد کرتے ہیں۔

جس کے پاس جتنے زیادہ الفاظ ہوتے ہیں اتنا ہی اس کی معلومات زیادہ ہوتی ہیں اور کسی حد تک علم بھی زیادہ ہوتا ہے۔ اگر غور کیا جائے تو لفظ ہی سب کچھ ہیں۔

دکن، لفظ ہی تھا جس سے یہ دنیا وجود میں آئی۔ اس سے زیادہ لفظ کی اور کیا اہمیت بیان کی جاسکتی ہے۔ انہیں لفظوں کے استعمال سے محاسن اور مقام پیدا ہوتے ہیں اور انہیں محاسن کو صناعی کا ایک رخ سمجھا جاتا ہے ورنہ صناعی میں توسب کچھ شامل ہے۔ علم بیان بھی، علم بدیع بھی، عروض بھی اور جتنے اسالیب یا طرز ادا ممکن ہیں وہ سب بھی اس لئے یہاں جب صناعی یا صنعت کا لفظ استعمال کیا جارہا ہے تو اس مفہوم ہے وہ محاسن جو لفظ کے استعمال سے کلام کے ظاہر و باطن میں پیدا ہوتے ہیں۔

ادب کا دورخ جہاں محاسن کی تلاش ہونا چاہئے تھی وہ اس کا کڑھے ہوئے علم اور کلاسیکی ادب سے شناسائی اور تربیت یافتہ ذوق کا مطالبہ کرتا تھا، ان دونوں کے لئے جگر سوزی کی بھی ضرورت تھی اور ایک خاص طرح کی لطافت ذہنی کی بھی۔ اگر چہ ہمارے اکثر بزرگ صناعی سے خوش نہیں تھے۔ امداد امام اثر نے اسے "ڈھکوسلا" کہا ہے۔ شبی

جیسے متوازی ذہن رکھنے والے نے بھی ایک جگہ لکھا ہے کہ: "انیس جس شاعری کو زندہ رکھنا چاہتے تھے اس کے چہرے پر صنائع اور بدیع کے داغ ہیں'۔

ایک جگہ اور لکھا ہے کہ "صنائع بدائع شاعری اور انشاء پردازی کا دیباچہ زوال ہے'۔ مسعود حسن رضوی ادیب نے انیسیات میں نہایت عالمانہ انداز میں انیس کے کلام میں محاسن شاعری کی تلاشی لیکن یہ بھی لکھ گئے کہ:

"صنعتوں کا استعمال بذات خود شاعری نہیں ہے

کچھ صنعتیں ایسی بھی ہیں کہ ان کا استعمال بذات خود ایک مشکل صنعت ہے

ان صنعتوں کے استعمال کا ملکہ اور چیز ہے اور شاعری اور چیز ہے جو صناع ان صنعتوں میں کمال رکھتا ہے وہ شاعر نہیں بلکہ ایک طرح کا بازی گر اور شعبدہ باز ہے'۔

اس سلسلے میں حالی کا بھی ایک اقتباس ملاحظہ ہو، کھانے کی مثال سے بات سمجھاتے ہیں:

"مفید ہو، لذیذ ہو، جزو بدن بننے کے لائق ہو۔ بو باس، رنگ روپ بھی اچھا رکھتا ہو۔ اگر باوجود ان سب باتوں کے چینی کے باسنوں میں کھایا جائے تو اور بہتر ہے'۔

ہمارے بزرگوں کے لئے ساری مشکل یہی تھی کہ وہ صناعی کو چینی کا باسن یا نفس شاعری سے الگ کوئی چیز سمجھتے تھے۔ لوگوں کے خیال میں صناعی کی مثال زیور کی سی تھی، جسے کہیں سے لاکر عروس شعر کو پہنا دیا جاتا تھا لیکن حقیقت یہ تھی کہ صنعتیں کہیں باہر سے نہیں لائی جاتی تھیں، الفاظ کی نشست ان کے در و بست سے پیدا ہوتی تھیں۔ یہ دراصل کھانے کا رنگ، بو باس اور کسی حد تک ذائقہ تھا۔ چینی کا باسن تو وہ ہیئت تھی جس ہیئت میں تخلیق پیش کی جاتی تھی۔

دراصل صنعت خود الفاظ کے اندر ہی موجود ہوتی ہے۔ لفظ کا استعمال بہت سارے

امکانات کی طرف متوجہ کرتا ہے۔ عام آدمی جب کوئی لفظ استعمال کرتا ہے تو بات وہیں ختم ہو جاتی ہے، سارے امکانات ختم ہو جاتے ہیں، لیکن تخلیق کار جب کوئی لفظ استعمال کرتا ہے تو وہ بہت سارے امکانات کی طرف متوجہ کرتا ہے۔

قواعد اور صناعی میں یہی فرق ہے۔ قواعد یہ تو بتادے گی کہ یہ لفظ اسم ہے، صنعت ہے، فعل ہے، باہمی الفاظ یا حروف میں کیا رشتہ ہے۔ مضاف مضاف الیہ، جار مجرور، صفت موصوف وغیرہ۔ لیکن صناعی یہ بتاتی ہے کہ لفظ میں کتنی گہرائی ہے۔ اس میں کہاں تک وسعت ہے وہ دوسرے لفظ کے ساتھ کس حد تک نبھا سکتا ہے، پوشش سے چھینٹ کی گل کاری تو اچھی لگی مگر پوشش کھدر بہت گاڑھا معلوم ہوا۔

بالکل انسانوں کی طرح لفظ بھی ایک دوسرے سے مل کر رہتے ہیں اور جب ان کی دوسرے لفظ سے نہیں نبھتی تو "زیر قدم سے والدہ فردوس بریں ہے' جیسے مصرعے وجود میں آتے ہیں۔ الفاظ میں ایک دوسرے کے ساتھ تصادم اور تعاون ہوتا رہتا ہے اور ان کی ترتیب میں جب کسی طرح کا حُسن آجاتا ہے تو کبھی معنی چمک اٹھتے ہیں اور کبھی انہیں کا باہمی میل ملاپ مکمل تخلیق کو چمکا دیتا ہے۔

ان محاسن کی طرف ۲۷۴ھ میں عبداللہ بن معتز عباسی نے توجہ دی۔ اس نے سترہ محاسن شمار کے نئے۔ ابو نصر علی بن احمد طوسی نے بھی اس موضوع کی طرف متوجہ کیا۔ مولوی شمس الدین کی "حدائق البلاغت' اس سلسلے میں اہم کتاب سمجھی جاتی ہے لیکن اردو میں کہا جاتا کہ خوب محمد چشتی نے "بھاو بھید' علم بدیع پر کتاب لکھی۔ منشی رنچھور داس جونپوری نے ۱۱۳۵ھ میں "حقائق الانشاء' کے نام سے ایک رسالہ لکھا جس میں نثر میں صناعی پر روشنی ڈالی گئی ہے

-۔ سچ یہ ہے کہ بحر الفصاحت میں نجم الغنی نے ستاروں کی طرح چمکتے ہوئے موتی

بکھیرے ہیں۔ انہوں نے کل ایک سو گیارہ صنائع لفظی اور چون صنائع معنوی پر روشنی ڈالی ہے۔

عزیزی ڈاکٹر رحمت علی خاں نے اپنے غیر مطبوعہ تحقیقی مقالے میں تین صنعتوں کا اضافہ کیا۔ عزیزی ڈاکٹر محبوب عالم انصاری نے مزید تین صنعتیں دریافت کیں۔ اس طرح ان کی تعداد ایک سو سترہ ہوگئی ہے۔

لیکن اس سے بڑا المیہ اور کیا ہوگا کہ چھتیس کے بعد سے نقد ادب میں محاسن کی تلاش بے سود سمجھی گئی۔ شعر میں سماج اور عوام، ہل بیل، مل، چمنی وغیرہ وغیرہ تلاش کے لئے جانے لگے۔ ادبی معیاروں پر ادب کی تفہیم زیاں کاری اور سود فراموشی کی علامت سمجھی گئی۔ اسلوبیاتی تنقید یا ساختیاتی تنقید نے تعبیر تشریح تجزیہ اور تفہیم میں محاسن کی تلاش نہ فعل عبث بنادی کبھی کبھی بعض مدرسین امتحان کے پرچوں میں گلزار نسیم یا مرزا دبیر پر سوال کرتے ہوئے یہ ایک فقرہ بڑھا دیتے ہیں کہ محاسن شعری پر روشنی ڈالیے۔ حالانکہ اردو کے مزاج سے یہ محاسن ہم آہنگ تھے۔ اردو کی وراثت ہندوستانی تھی۔ عربی اور فارسی سے اگر نخلستان کی شادابی ملی تھی تو سنسکرت سے ہمالیاتی سربلندی بھی عطا ہوئی تھی محترم علی جواد زیدی نے بڑے خوبصورت انداز میں اس طرف اشارہ کیا ہے اور یہ بھی بتایا ہے کہ تجنیسات میں کوئی سنسکرت شعراء سے بازی نہیں لے جا سکتا تھا۔ ڈاکٹر رحمت علی خاں نے اپنے وقیع مقالے میں عربی، فارسی، سنسکرت وغیرہ کے ساتھ تلگو میں بھی صناعی پر روشنی ڈالی ہے اور یہ بتایا ہے کہ تلگو میں ایکاکشری ایک صنعت ہے جس میں ایک ہی حرف کا استعمال کرتے ہوئے پوری نظم کی تشکیل کی جاتی ہے اس طرح یہ صنعت گری ہندوستانی ہے اور ہندوستان میں تو ہر ورق سے صنعت ترصیع آشکار ہے اور بالخصوص اردو میں اگر دکنی پر نظر ڈالی جائے تو فخر دین

نظامی کی "کدم راؤ پدم راؤ' سے لے کر غواصی تک وہ سارے محاسن تلاش کیے جاسکتے ہیں جن کے لئے اودھ کی شاعری کو زیادہ "بدنام' کیا گیا۔ نثر میں "سب رس' کے تمثیلی اسلوب میں جب محاسن کی تلاش کی جائے گی تو تجنیس کی بیشتر اقسام کے ساتھ اس کی مقفیٰ عبارت میں قافیہ۔ معمولہ تک مل جائے گا اور اشتقاق، تاکید المدح، کلام جامع جیسی صنعتیں بھی تلاش کرنے پر مل جائیں گی۔ مراعات النظیر اور حُسن تعلیل تو عام بات ہے۔

یہی وراثت دہلی سے گزرتی ہوئی اودھ میں آئی اور بلاشبہ یہ کہا جاسکتا ہے کہ وہ نجم و شجر جو دکن سے دہلی تک آئے تھے اودھ میں اکر سجدہ ریز نظر آئے اور یہاں کے آفتاب و مہتاب نے اس صناعی کو تابندہ و درخشندہ بنا دیا۔ اس میں بھی کوئی شک نہیں کہ اودھ کی فضا، نفیس طبیعتیں، مزاج کی لطافت، ان محاسن کو برتنے کے لئے بے حد موزوں بھی تھی اسی لئے یہ صناعی انیسویں صدی ہی میں نہیں بلکہ بیسویں صدی اور دور حاضر میں بھی موجود ہے اور یہ وہ ادبی اور تہذیبی میراث ہے جس کے بار امانت کو سنبھال کر رکھا گیا ہے۔

اس سلسلے میں سب سے پلا نام انشا کا لیا جانا چاہئے جنہوں نے صنعت مقلوب کے نادر نمونے پیش کئے اور ایک شعر میں نہیں کئی اشعار میں صرف ایک شعر درج کیا جاتا ہے

فقط اس لفافے پر ہے کہ خط آشنا کو پہنچے
تو لکھا ہے اس نے انشا یہ ترا ہی نام الٹا

یہاں ایسی صنعتوں کا ذکر کیا جا رہا ہے جو نسبتاً کم معروف ہیں مثلاً میر تقی میر کی محبوب صنعت ایہام یا سودا اور غالب کی نظر کردہ حُسن تعلیل اور مراعات النظیر (جو لکھنؤ کے انیسویں صدی کے تقریباً ہر شاعر کے یہاں پائی جائے گی) سے صرف نظر کیا گیا ہے

اور یہ کوشش کی گئی ہے کہ اودھ کے شعراء نے جس بے تکلفی اور جس حُسن کے ساتھ ایک ایک شعر میں کئی محاسن جمع کئے اور جو صنعتیں نسبتاً کم معروف ہیں انہیں پیش کیا جائے۔

ناسخ کی اصلاح زبان کی کوششوں نے لفظ کے نکھار اور مرکبات کو حَسین سے حَسین تر بنانے کی طرف متوجہ کیا۔ فراغت اور خوش حالی کا دور ہی زندگی کے ان گوشوں کی طرف متوجہ کرتا ہے جہاں حُسن کاری ہوتی ہے۔ حُسن کاری ہی ایک نام صناعی تھا، اسی لئے اودھ میں صناعی کی روایت نسبتاً ہر جگہ سے زیادہ ارتقاء پذیر رہی۔ ناسخ کہتے ہیں۔

وہ آفتاب نہ ہو کس طرح سے بے سایہ
ہوا نہ سر سے کبھی سایۂ سحاب جدا

اس میں جہاں مراعات النظیر ہے وہیں مذہب کلامی بھی ہے یعنی ایک کہی جو دعوے کے طور پر ہے اور پھر اس کے لئے دلیل لائے۔ آفتاب اس لئے بے سایہ ہے کہ سحاب ہمیشہ سایہ فگن رہتا ہے تو آفتاب پر کیسے سایہ ڈالے۔

انیس و دبیر سے پہلے دوسرے مرثیہ نگاروں خصوصاً ضمیر کے یہاں صناعی کا حُسن ہے

کس مور کی ملس میں مری جلوہ گری ہے

میں مثالیہ، الف و نشر وغیرہ بھی دیگر صنعتوں کے ساتھ ملتی ہیں لیکن صنعتوں کے خدائے سخن اور خالق بنائے سخن انیس و دبیر ہیں۔

دبیر نے شاعری میں صناعی کو اس منزل تک پہنچا دیا سج کے آگے سوچتے ہوئے تخیل کے پر جلتے ہیں۔

جیں اکہ عرض کیا گیا۔ دبیر کے کلام سے معروف صنعتوں کی مثالیں نہیں پیش کی

جاری ہیں جیسے ایہام، رعایت لفظی، صنعت مراعاۃ النظیر، حُسن تعلیل وغیرہ بلکہ صرف ان صنعتوں کی نشاندہی کی جارہی ہے جن کی طرف نسبتاً ذہن نہیں جاتا حالانکہ روزانہ کی با ت چیت میں ان میں سے اکثر صنعتیں شرفا اور اہل علم کے کلام میں خود بخود آجاتی ہیں۔ مثلاً صنعت عکس اس کی تعریف یہ ہے کہ کلام میں دو لفظ لائیں پھر ان کو الٹ پلٹ دیں۔ اس صنعت کی عظمت اس وجہ سے بھی ہے کہ براہ راست قرآن حکیم سے استفادہ ہے۔ ارشاد ہوتا ہے:

یخرج الحیٔ من المیت و یخرج ال میت من الحیٔ

اب مرزا صاحب نے اپنے اسلوب میں اسے سے جو فیض اٹھایا ہے وہ دیکھئے

انصاف کہاں سے ہو کہ دل صاف نہیں ہے
دل صاف کہاں سے ہو کہ انصاف نہیں ہے

میر انیس کا بھی انداز دیکھ لیجئے

استادہ آب میں یہ روانی خدا کی شان
پانی میں آگ، آگ میں پانی خدا کی شان

اس سلسلے میں اسی سے ملتی جلتی صنعت صنعت مقلوب ہے، یعنی مصرع کو اگر الٹ دیں تو وہی مصرع بنے۔ مرزا صاحب کے یہاں کئی بند ایسے کی جائیں گے جن میں یہ صنعت موجود ہے۔ ایک بند کی بیت ملاحظہ ہو:

آقائے امم عرش معلیٰ کا شرف ہے
یہ فرش با آداب ایک آقا کا شرف ہے

مصرع اگر الٹ دیا جائے تو بھی یہی مصرع بنے گا یعنی اب اگر اس کے حروف کی ترتیب بائیں جانب سے شروع کی جائے تو یہی مصرع برقرار رہے گا۔

میر انیس نے مقلوب سے ملتی جلتی صنعت کا نمونہ تجنیس قلب میں پیش کیا ہے۔

فر فر رواں ادھر سے دم جست وخیز تھا

الٹا پھر ادھر سے تو رف رف سے تیز تھا

انیس نے اشارہ بھی کر دیا کہ فر فر کو اگر الٹ دیجئے تو رف رف بن جائے گا اور رف رف کو الٹا تو بھی فر فر۔

مرزا صاحب کے یہاں صنعت جمع، تفریق اور تقسیم کی بڑی اچھی مثالیں ملتی ہیں۔ صنعت جمع کی تعریف یہ بیان کی گئی ہے کہ ایک یا چند چیزیں ایک حکم میں جمع کر دی جائیں۔ یہ صنعت بھی قرآن شریف سے استفادہ ہے۔ ارشاد ہوتا ہے۔

المال والبنون زینۃ الحیوۃ الدنیا

یعنی ما و اولاد زندگانی دنیا کی زینت ہیں۔ مال و اولاد کو ایک حکم زینت میں جمع کر دیا ہے۔ اب مرزا صاحب کا استفادہ ملاحظہ ہو

نقاش، نقش، کاتب وخط، بانی و بنا

بود و نبود، ذات وصفت، ہستی و فنا

آدم، ملک، زمین، فلک، گرد کیمیا

دنیا و دیں، حدوث و قدم، بندہ و خدا

سب شاہد کمال شہ مشرقین ہیں

جب تک خدا کا ملک ہے مالک حسینؑ ہیں

اس بند میں صرف صنعت جمع ہی نہیں ہے صنعت تضاد بھی ہے۔ تجنیس بھی ہے، اشتقاق بھی ہے اور مراعاۃ النظیر بھی ہے۔

ثابت لکھتے ہیں کہ اس کمال کو دیکھئے کہ ہر مصرع میں چھ چیزیں لائے ہیں۔ نہ کم نہ

زیادہ۔

اسی سے ملتی جلتی ہوئی صنعت تنسیق الصفات ہے یعنی کئی صفات ایک ساتھ مذکور ہوں۔ انیس کہتے ہیں۔

احسان بھی، حیا بھی، مروت بھی، قہر بھی

خود موت بھی، حیات بھی، امرت بھی، زہر بھی

بنیاد و نکتہ سنج بھی، دانائے دہر بھی

تسنیم بھی، بہشت بھی، کوثر کی نہر بھی

سر شرم سے جھکائے ہے نرگس ریاض میں

جنت سواد میں ہے یہ بیضا بیاض میں

صنعت تفریق میں دو امر بظاہر ایک طرح کے ہوں لیکن ان کے درمیان جو فرق ہے وہ واضح کر دیا جائے۔ دبیر کہتے ہیں

آئینے کے آئین پہ میں نے جو کیا غور

منہ پر تو ہے کچھ اور پس پشت ہے کچھ اور

گو چرخ کی گردش سے نہ ہو صاف کبھی دور

پر حاضر و غائب دل روشن کا ہے اک طور

جن آئینوں میں دونوں طرف ایک چمک ہے

وہ ایک مرا دل ہے اور اک مہر فلک ہے

صنعت سے تقسیم بھی ایک صنعت ہے اس میں اور لف و نشر میں باریک سا فرق ہے کہ لف و نشر میں اول چند چیزیں بیان کرتے ہیں پھر ان کے منسوبات لاتے ہیں۔ تقسیم میں چند چیزیں ایک ہی چیز کے چند اجزا بیان کیے جاتے ہیں پھر ہر چیز یا ہر چیز کے

منسوب کو واضح کرتے ہیں کہتے ہیں

تابوت اٹھانے کی جزا، قبر کی راحت
دلدل کو بنانے کی جزا، ناقہ جنت
سقائی کے انعام میں کوثر کی حکومت
دولت سے یہ سب تعزیہ داری کی بدولت
عابد کے لئے طوق پہنچتے ہیں تو کیا ہے
وہ طوق نہیں دائرہ حفظ خدا ہے

اس میں صنعت تقسیم ہی نہیں مذہب کلامی بھی ہے یعنی جزا کو دلیل بنایا ہے مراعاۃ النظیر و رعایت لفظی کے ساتھ دولت بدولت میں تجنیس زائد بھی ہے۔ مسعود صاحب نے میر انیس کے یہاں تینوں صنعتوں کی مثال ایک شعر میں دی ہے یعنی جمع، تقسیم اور تفریق کے بارے میں

نکلا ادھر سے وہ جو اجل کا شکار تھا
پیدل ہو یا سوار یہ دو تھا وہ چار تھا

ان صنعتوں کے علاوہ میر صاحب کے یہاں دوسرے مصرع میں سیاقتہ الاعداد بھی ہے۔

ایک اور صنعت مرزا صاحب کے یہاں ملتی ہے جس کو استباع کہتے ہیں یعنی اس طرز پر مدح کرنا کہ ایک طرح سے دوسری طرح حاصل ہو۔ ایک بد ملاحظہ ہو

خالق نے عطا کی شہ مرداں کو یہ قدرت
لیں ان کی زباں سے جو ہو محتاجوں کو حاجت
گردوں نے بلندی لی زمیں نے زر و دولت

یوسفؑ نے لیا حسن سلیمانؑ نے حشمت
پر ان کی قناعت ہے فزوں حد بیاں سے
جز نام خدا آپ لیا کچھ نہ زبان سے

یہاں آخری مصرع میں ابتدائی مصرعوں کی مدح سے مدح نکالی ہے کہ کائنات نے ہر شئے آپ سے لی اور آپ نے سوائے ذکر خدا کچھ نہ لیا۔

مرزا صاحب کے یہاں صنعت سے رجوع کا بھی بڑا خوبصورت استعمال ملتا ہے۔ یہ صنعت جب کئی بندوں میں مسلسل آتی ہے تو نئی صنعت بن جاتی ہے جسے مثالیہ کہتے ہیں۔ یہاں صرف صنعت رجوع کی مثال پیش کی جاتی ہے۔ مثالیہ کی گنجائش نہیں ہے۔

تاروں کا ہے دعویٰ کہ یہ رخ بدر دجی ہے
پر بدر ہے منکر، یہ کہاں مجھ میں ضیا ہے
ذروں کا اشارہ ہے، یہ شمس ضحی ہے
خورشید لرزتا ہے کہ یہ نور خدا ہے
پرواہ و بلبل میں جدا بحث کا غل ہے
وہ کہتا ہے یہ شمع ہے یہ کہتی ہے گل ہے

مرزا صاحب کے یہاں بہت ساری صنعتوں سے صرف نظر کرتے ہوئے صرف چند کی نشاندہی کی جارہی ہے جن کی طرف فوق بلگرامی نے بھی متوجہ کیا ہے۔ صنعت تجرید کی مثال ملاحظہ ہو، گھوڑے کا تذکرہ ہے۔ یہ صنعت مبالغہ مقبول میں بھی آتی ہے اس لئے کہ گھوڑے کے افعال کو جن صفات سے استعارہ کیا ہے وہ سب ممکن ہیں

لڑنے میں یہ ہے عقل، بگڑنے میں جہالت
بڑھنے میں یہ ہے حرس، تو گھٹنے میں قناعت

جانے میں حواس، آنے میں عاشق کی طبیعت
مخفی ہے تو اسرار، عیاں ہے تو کرامت
ہر سو جو نسیم اس کے طرارے کی بہی ہے
سبزے کی طرح رن کی زمیں کھیت رہی ہے

جہالت میں ہی آدمی بگڑتا ہے۔ حواس جاتے ہیں۔ عاشق کی طبیعت بھی محبوب پر آتی ہے وغیرہ۔

فوق نے بہت سی صنعتوں کی نشاندہی کی ہے، ان میں قافیہ معمولہ کے بارے میں لکھتے ہیں کہ اگر لفظ کے ایک جزو کو قافیہ اور دوسرے جزو کو ردیف میں شامل کریں یعنی ایک ہی کلمہ میں ردیف و قافیہ پیدا کریں تو اس کو قافیہ معمولہ کہتے ہیں۔ مثال وہی ہے

کیا ہاتھ ہے کیا سینہ ہے کیا چہرہ ہے کیا سر
اے صل علی نور کا مجمع ہے سراسر

موصوف نے صنعت ترصیع کو صنعت موازنہ کہا ہے۔ اسی طرح مراعاۃ النظیر کی ایک قسم ایہام تناسب قرار دی ہے، لکھتے ہیں کہ اس کی پر لطف قسم وہ ہے جس کو ایہام التناسب کہتے ہیں۔ مثلاً دو معنی جمع کریں جن کو آپس میں کچھ مناسبت ہن ہو مگر ان معنوں کو جن دو لفظ سے تعبیر کریں ان میں ایک لفظ کے دو معنی ہوں اور معنی دوائم جو غیر مقصود ہوں، ان کو پہلے لفظ سے مناسبت ہو۔ مثلاً

بارش تھی آب تیغ کی برسات سے فزوں
بدلی تھی فوج شام کی رنگت گھٹا تھا خوں

یہاں بدلی کو بارش سے اور گھٹا کو برسات سے مناسبت ہے لیکن معنی دوئم مقصود نہیں ہے، بدلی کے معنی بدلنا ہے۔

مرزا صاحب کے یہاں کچھ ایسی صنعتیں بھی ہیں جن کا کوئی نام نہیں مل سکا۔ بحر الفصاحت میں تو اس کا امکان ہی نہیں تھا۔ حیات دبیر اور المیزان میں بھی ان صنعتوں کی کوئی نشاندہی نہیں ہو سکی۔ مثلاً ایک مرثیہ ہے جس میں ہند قید خانہ شام میں آتی ہے اور اسے کنیزیں بتاتی ہیں کہ قید خانہ میں ایک یوسف ہے۔ مرزا صاحب نے یوسف کا تلازمہ آخر تک برقرار رکھا ہے اور اس طرح سے کہ حضرت یوسفؑ اور حضرت سید سجادؑ کے موازنے میں مصائب کے رخ سے حضرت سید سجاد کی برتری ظاہر کی ہے۔ کچھ مصرعے درج کئے جاتے ہیں۔

یوسف جسے میں کہتی تھی وہ ہے یہی داری
یوسف مجھے کس واسطے تو کہتی ہے ہر بار
آداب بجالاتی ہوں اسے یوسف زنداں
اس عہد کے یوسف ہو تمہیں خلق خدا میں
فرمایا یہ درجہ تو ہے یوسف سے فراواں
گھر سے گئے یوسف تو ہوئے مصر کے سلطاں
یوسف ے زمانے میں یہ محشر نہیں دیکھا
یوسف کا نقطہ باپ کی فرقت میں کڑھا دل

ہو سکتا ہے اسے صنعت لزوم یا صنعت التزام کہا جائے لیکن وہ زیادہ سے زیادہ ایک بند یا دو بند کے لئے ہے۔ یہاں تشابہ الطاف ہے اور تلمیح کو نبھایا ہے، حُسن یہ پیدا کیا کہ حضرت یوسف اور حضرت سید سجاد دونوں کی علامتوں کو ایک طرح سے روایت بنا دیا گیا ہے۔ اس بے مثال صناعی کی نزاکت نام کا بوجھ نہیں برداشت کر سکتی۔

اسی طرح ایک بند ملاحظہ ہو

ہوتا ہے جو حاضر یہ بہادر سر دربار
دربار میں دربار علی ہوتے ہیں ہر بار
غیر از حسنینؑ ان پہ تصدق مرا گھر بار
عارض ہے تر بار لب لعل گہر بار
یہ والئی اقلیم ولایت کا ولی ہے
تصویر تولائے حسینؑ ابن علی ہے

یہاں لفظ بار چھ مرتبہ آیا ہے اور ہر جگہ کہیں دوسرے لفظ کے ساتھ کبھی تنہا نئے معنی دیتا ہے ایک ہی لفظ کے کثیر الجہت استعمال کو اگر صنعت نہ کہا جائے تو پھر کیا کہا جائے اور پھر اس صنعت کا کیا نام رکھا جائے۔

یہ کہنا پڑتا ہے کہ میر انیس نے اس میدان میں بھی اپنے جوہر دکھائے ہیں، کہتے ہیں

دولت حاکم دوں پر ہے ترا دار و مدار
دار دنیا سے تعلق نہیں رکھتے دیں دار
کیا مجھے دار پہ کھینچے گا وہ ظالم غدار
بخت خفتہ ہیں ترے اور میرے طالع بیدار
کسی سردار نے یہ اوج نہ پایا ہوگا
دار طوبیٰ کا مرے فرق پہ سایہ ہوگا

نو بار انیس نے لفظ "دار" کا استعمال کیا ہے اور ہر بار یہ لفظ ایک نئے معنی دیتا ہے۔ مسعود صاحب ے بھی "انیسیات" میں اس کا تذکرہ نہیں کیا کہ اس صنعت کا کیا نام ہوگا حالانکہ انہوں نے بڑی خوبصورتی کے ساتھ انیس کے کلام میں ان صنعتوں کی طرف

متوجہ کیا ہے جس کو کوئی نام نہیں دیا جاسکتا۔ لکھتے ہیں انیس نے ایسی صنعتیں ایجاد کر دی ہیں جن کا نام ابھی تک مقرر نہیں ہو سکا۔ مسعود صاحب نے ایسے مصرعوں کی فہرست دی ہے۔

(۱) الجھاتے تھے مند کمان میں

(۲) بیکار کمیں میں ہیں کمینوں کی کمانیں

(۳) گویا گلے میں حور کے ہیرے کا ہار تھا

(۴) دہشت تھی کہ وحشت کو ہرن بھول گئے تھے

(۵) تازی کو تیزک کر کے یہ غازی نے صدی صدا

پہلے مصرع میں تجنیس لاحق اور دوسرے میں تضمین المزدوج کہا گیا ہے لیکن مسعود صاحب نے تفصیل سے یہ بتایا کہ دونوں میں یہ صنعت نہیں ہے اسی طرح صنعت التزام بالزدوم کے تحت انہوں نے دو بند لکھے ہیں۔

اعداد کے حق میں ہو گیا آب حسام سم
کرتے تھے آہوؤں کی طرح خوش خرام رم
نیزے تھے خوف سے صفت چوب خام خم
ایسا لڑا جہاں میں کوئی تشنہ کام کم
دشمن بھی معترف تھے وہ پیکار کر گئے
مقتل سے اڑ کے تا سر کہسار سر گئے

رکھتا نہیں کوئی یہ غریب الدیار یار
شمشیر شعلہ بار پڑے سر پہ بار بار
تیروں کی تن پہ دور سے ہو بیشمار مار

نیزا اٹھا اٹھا کے کریں سب سوار وار
آگے سے تیغ و خنجر و تیر و سناں چلے
پیچھے سے فرق پاک پہ گرز گراں چلے

اس میں صنعت لزوم کا حُسن بھی ہے، شبہ اشتقاق سام سم۔ رام زم۔ خام خم، کام کم کر کے ساتھ صنعت تکریر بھی ہے اور بے شمار صنعتیں دونوں بندوں میں ہیں۔

ایک ہی بند اگر کئی صنعت رکھتا ہو تو اس صنعت کا کیا نام ہو گا جس کے ذیل میں ساری صنعتیں آتی ہیں؟

ع: عین اس کا ہے وہ چشمہ کہ فیض اس کا ہوا عام
یہ علم کا آغاز ہے اور شرح کا انجام
ب ۰ ا: بے سے برکت اور الف اول اسلام
س: ہے سین سعادت کہ اسی نام کا اتمام
یہ اسم مقدس تو سعید ازلی ہے
اعلیٰ نہ ہو کیونکر کہ شریک اس کے علی ہے

تلگو ادب میں ایک اکثری سے کچھ ملتی جلتی صنعت ہے لیکن اردو میں اس صنعت کا کوئی نام ابھی تک راقم کو نہیں مل سکا۔ انیس کی خوشگوار تقلید کرتے ہوئے نسیم امروہوی نے اپنا معرکۃ الآرا مرثیہ سورہ مریم اسی تکنیک میں لکھا ہے۔ انیس کا کمال فن یہی ہے کہ وہ ایک ہی بند میں بیک وقت کئی صنعتیں استعمال کرتے ہیں اور بہ اتفاق نہیں بلکہ شعوری طور پر یہ محاسن ان کے یہاں جلوہ گر ہیں۔ ان کا نظریہ ہے

سامعین جلد سمجھ لیں جسے صنعت ہو رہی

سامعین اسے جلد سمجھ لیتے تھے کہ نہیں کہ کون سی صنعت ہے لیکن سامعین کو یہ

اندازہ یقیناً ہوتا رہا ہو گا کہ شعر میں یا بند میں کوئی حُسن ضرور ہے جو قلب و ذہن کو متاثر کرتا ہے۔ انیس ان صنعتوں کے ساتھ تجنیس میں اپنا کوئی مقابل نہیں رکھتے تھے۔ شاید یہ مبالغہ نہ ہو کہ وہ کہیں کہیں مرزا دبیر سے بھی آگے نظر آتے ہیں۔ کچھ مثالیں ہے جو پیش کی جارہی ہیں:

تجنیس ۲۵ تام: خیبر میں کیا گزر گئی روح الامین پر

کاٹے ہیں کس کی تیغ دو پیکر نے تین پر

تجنیس تام اسے کہتے ہیں جس میں دو لفظ ہر لحاظ سے ایک ہوں لیکن معنی میں مختلف ہوں۔ پر ہر لحاظ سے ایک ہے مگر معنی کے اعتبار سے مختلف ہے۔

تجنیس ۲۶ لاحق میں پہلا حرف تبدیل ہوتا ہے اور اگر پہلا حرف زائد ہو تو اسے تجنیس زائد کہتے ہیں مثلاً

صاحب ہو تو ایسا ہو مصاحب ہو تو ایسا

صنعت تضمین ۲۷ المزدوج کی تعریف یہ ہے کہ رعایت قوافی کے بعد اثنائے کلام میں دو ایسے لفظ جمع کیے جائیں جو وزن اور روی میں موافق ہوں مثلاً

ابر کرم، خدیو عجم، خسرو عرب

عالی ہمم، امام امم، شاہ تشنہ لب

اس میں ترصیع بھی ہے

انیس کے یہاں ایسی صنعتیں بھی ملتے ہیں جو بظاہر بہت مشکل ہیں لیکن ان میں انہیں اتنی بے تکلفی سے نظم کرتے ہیں کہ حیرت ہوتی ہے جیسے صنعت صبادلۃ الرسبین ۲۸ یعنی دو لفظوں میں حرف اول اسم تبدیل ہو جیسے یہ شعر ملاحظہ ہو۔

اللہ اللہ عجب فوج عجب غازی تھے

عجب اسوار تھے بے مثل عجیب تازی تھے

انیس کے یہاں صنعت اطراد ۲۹ کی لاجواب مثالیں ہیں یعنی جس شخص کی مدح کرتی ہو اس کے آبا و اجداد کا نام آجائے۔ انیس کا ایک بند ملاحظہ ہو جس میں صنعت اطراد کی نشاندہی کی جارہی ہے

عباسؑ نامور بھی عجب سج کا ہے جواں
نازاں ہے س کے روشن منور پہ خود نشاں
حمزہؑ کا رعب، صولت جعفرؓ، علیؑ کی شاں
ہاشم کا دل، حسینؑ کا بازو، حسنؑ کی جاں
کیونکر نہ عشق ہو شر گردوں جناب کو
حاصل ہیں سینکڑوں شرف اس آفتاب کو

صنعت اوماج ۳۰: یہ وہ صنعت ہے جس میں پورا مصرع دو معنی دیتا ہے۔ انیس کے ان چار مصرعوں کے چوتھے مصرع میں صنعت اوماج ہے۔ حضرت حبیب ابن مظاہر جو بہت ضعیف تھے، ان کیلئے لکھتے ہیں

بڑ! تا تھا خون جوش شجاعت سے دم بدم
گردن میں وہ کجی تھی نہ مطلق کمر میں خم
ہر نوجواں سے تھا یہ اشارہ بصد چشم
یعنی جہاں سے جائیں گے سیدھے جناں میں ہم

یہاں دو معنی ہیں ایک یہ کہ جنت میں بغیر کسی رکاوٹ کے جائیں گے، دوسرے معنی یہ ہیں کہ جب جنت میں جائیں گے تو کمر خمیدہ نہ ہوگی بلکہ سیدھی ہوگی۔

صنعت تصلیف ۳۱ جس طرح انیس و دبیر اور دیگر مرثیہ نگاروں کے یہاں ہے شاید

ہی کسی کے یہاں ہو اس کا مطلب ہے شاعرانہ تعلی۔ انیس کہتے ہیں

ہے لعل و گہر سے یہ دہن کان جواہر
ہنگام سخن کھلتی ہے دکان جواہر
ہیں بند مرصع تو ورق خوان جواہر
دیکھے اسے ہاں ہے کوئی خواہان جواہر
بینائے رقومات ہنر چاہئے اس کو
سودا ہے جواہر کا، نظر چاہئے اس کو

انیس کے فنی سمندر کی یہ کچھ لہریں ہیں جن کی طرف اشارہ کیا گیا ہے، بعض دلچسپ پہلو بھی ہیں۔ مثلاً

پیش آجاتا تھا گر کوئی زبردست دلیر
دونوں تشدید شجاعت سے اسے کرتے تھے زیر

قواعد کا تلازمہ ہے زیر، زبر، پیش، تشدید یہاں چاروں موجود ہیں۔

انیس کہیں کہیں صنعت کو اس طرح استعمال کرتے ہیں اور اس کی طرف ایسا اشارہ کرتے ہیں کہ بالغ ذہنی انبساط حاصل ہوتا ہے۔ ملاحظہ ہو

بھائی خوش فکر و خوش لہجہ و پاکیزہ خیال
جن کا سینہ گہر علم سے ہے مالامال
یہ فصاحت یہ بلاغت یہ سلاست ہے کمال
معجزہ گر نہ اسے کہیے تو ہے سحر حلال
ایسے موقع پہ جسے دیکھئے لاثانی ہے
لطف حضرت کا ہے یہ رحمت یزدانی ہے

اس کا دلچسپ پہلو یہ ہے کہ سحر ۲۳ حلال ایک صنعت ہے اور اس بند میں یہ صنعت موجود ہے اس کی تعریف یہ ہے کہ ایک لفظ یا زیادہ لفظ جو بظاہر کلمات سابقہ کا تتمّہ ہو اور کلمات آئندہ کے مقدمات میں شمار ہو سکے چنانچہ اس بند میں لفظ کمال تتمّہ ہے اور آئندہ کا مقدمہ ہے۔

انیس و دبیر کے یہاں جتنی صنعتیں انسانی ذہن سوچ سکتا ہے وہ سب ہیں۔ انہوں نے جو روایت سازی کی وہ ان کے بعد کے شعراء اور دور حاضر کے شعراء کے یہاں ملتی ہے اس لئے بہت صنعتوں کا تذکرہ جو دوسروں کے یہاں کیا گیا ہے وہ سب انیس کے یہاں ہیں لیکن دو صنعتوں کا ذکر انیس کے یہاں ضروری ہے ان میں سے ایک صنعت مکالمہ ہے۔ علم بدیع کے ماہرین نے صنعت سوال و جواب تو لکھی لیکن عام طور سے یہ صنعت صرف ایک شعر میں پائی جاتی ہے۔ انیس کے مشہور مرثیہ "بخدا فارس میدان تہور تھا حر' میں عمر بن سعد اور حضرت حر کا مکالمہ ہے۔ یہ صنعت کسی ایک بند یا شعر تک محدود نہیں ہے بلکہ ردوالجعز علی الصدر کی طرح کئی بندوں پر محیط ہے۔ یہ صنعت مرثیہ نگاروں کے یہاں عموماً ہے لیکن جو حُسن انیس نے پیدا کیا ہے وہ صرف حضرت امام کا لطف اور رحمت یزدانی ہونے کی وجہ سے لاثانی ہے، یہ صنعت بند نمبر اکتیس ۳۱ سے شروع ہوتی ہے اور پچپن ۵۵ تک اس کا سلسلہ چلت ہے۔ ان بندوں میں صنعت ابداع ۳۳ تو ہے ہی یعنی لفظ سے خوب معنی نکالے، ان میں صنعت تدارک یعنی کسی کی اس طرح برائی کرے کہ تعریف معلوم ہو صنعت احتجاج بدلیل (یہ مذہب کلامی کی ایک قسم ہے اور تاکید المدح وغیرہ بھی ہے)

انیس کے دادا میر حسن نے ایک مصرع لکھا تھا:

دوں دوں خوشی کی خبر کیوں نہ دوں

اس میں نقارے کی آواز یعنی "دوں دوں" نظم کر دیا تھا۔ غالباً اسی ایک مصرع کی طرف ذہن گیا اور اس صنعت کا کوئی نام نہیں رکھا گیا۔ زبان انگریزی میں کہا جاتا ہے onomotopoela میں یہ ہوتا ہے کہ گونجتی ہوئی چیخ کے لئے Shrill کہہ دیں گے یا پہیے کی کھڑکھڑاہٹ کو Rattling کہہ دیں گے وغیرہ۔ اردو میں میر انیس نے اس صنعت میں کمال دکھایا ہے اور بہت بڑی بات یہ ہے کہ علم بدیع کے اس رخ کو علم بیان میں لے آئے اور اس صنعت سے انہوں نے صوتی آہنگ ہی کو پیش نہیں کیا بلکہ فضا آفرینی کی ہے۔ موضوع سے مناسبت رکھنے والے حروف منتخب کر کے پورا منظر نامہ تیار کیا ہے۔ ایک شعر اور ایک بند ملاحظہ ہو

گرما کے سب رگوں میں لہو دوڑنے لگا
فر فر فرس کے نتھنوں سے آنے لگی صدا

اور یہ بند

لشکر کے سب جواں تھے لڑائی میں جی لڑائے
وہ بد نظر تھا آنکھوں میں آنکھیں ادھر گڑائے
ڈھالیں لڑیں سیاہ کی یا ابر گڑگڑائے
غصے میں آکے گھوڑے نے بھی دانت کڑکڑائے
ماری جو ٹاپ ڈر کے ہٹے ہر لعین کے پاؤں
ماہی پہ ڈگمگا گئے گاو زمیں کے پاؤں

تلمیح تجنیس، مراعات النظیر کے ساتھ جس پہلو کی طرف متوجہ کرنا ہے وہ فضاء آفرینی کے لئے کراہٹ، ڈر، تناؤ پیدا کرنے والے ایسے الفاظ کا انتخاب ہے جن میں کریہہ الصوت حروف بہت آئے ہیں جیسے ڈ۔ ٹ ڑ وغیرہ اور گھوڑے کا دانت کڑکڑانا یا

تیز روی میں فر فرانا میر حسن سے کہیں آگے میر انیس کو لے جاتا ہے۔

۱۲۴انیس کے یہاں ایک صنعت اور ہے صنعت طمع یا تلمیع ۱۳۵اس کی تعریف یہ ہے کہ کلام میں دوسری زبان کا ایک رکن لے آنا۔ اس کی مثال عام طور سے انیس کے یہاں سے پیش کی جاتی ہے۔

حر پکارا ابابی آنت دامی یاشا
قابل عفو نہ تھے بندہ آثم کے گناہ

کہتے ہیں کہ انگریزی کے ایک بہت بڑے شاعر کی سب سے مشہور نظم میں یہ صناعی درجہ کمال پر پہونچی ہوئی ہے۔ حالانکہ بوتل میں بند زندگی اور موسموں کا تذکرہ برباد شدہ دنیا کا بیان لیکن "بے مصرف زمین' والی یہ نظم اس لئے بہت اہم سمجھی جاتی ہے کہ اسے سمجھنے کے لئے صنعت تلمیع کو سمجھنا بہت ضروری ہے۔ اس لئے کہ اس میں اطالوی، جرمن، فرانسیسی سے آگہی ضروری ہے۔ • نظم شانتی شانتی پر ختم ہوتی ہے۔ یہ بھی کہا جاتا ہے کہ جیمس جوائس کی نثری تخلیق میں کہ نام جس کا یولیسس ہے، یہ صنعت پائی جاتی ہے۔ واللہ اعلم بالصواب۔

انیس و دبیر کی روایات کی پاسداری تمام مرثیہ نگاروں نے کی اور ان محاسن کو برقرار رکھا جن کو انیس و دبیر نے منزل کمال تک پہنچا دیا تھا عشق، تعشق، پیارے صاحب رشید وغیرہ کے یہاں صناعی ملتی ہے۔ پروفیسر جعفر رضا نے تفصیل سے بتایا کہ دبستان عشق، علم بیان کا شیدائی تھا۔ تشبیہ کی لطافت، استعارے کی نزاکت، فضاء کی تخلیق لیکن اس دبستان میں بھی علم بدیع کی مروجہ صنعتوں کے علاوہ صناعی ملتی ہے۔

عروج اے مرے پروردگار دے مجھ کو (عشق)
سچ ہے دنیا میں شب ہجر بلا ہوتی ہے

کھینچ اے قلم مرقع صحرائے کربلا

تعشق کے مرثیے اس سلسلے میں دیکھے جاسکتے ہیں۔ یہ ضروری ہے کہ کبھی کبھی تلاش کرنا پڑتا ہے۔ بہر حال نفیس کے یہاں تجنیس خطی ۳۶ کی ایک مثال

علیؑ کا دبدبہ و رعب جرأت و شہرت

حسنؑ کا حُسن حسینؑ حسیں کی سب شوکت

اس میں دو لفظ بغیر رعایت نکات و حکمات مشابہ واقع ہوئے ہیں جیسے حُسن، حَسن، حَسین، حُسین۔

ناسخ و آتش کے شاگردوں نے صناعی کی روایت کو برقرار رکھا۔ ان کے یہاں حسن تعلیل، مراعاۃ النظیر، ایہام تناسب اور رعایت لفظی کی کثرت ہے لیکن دیاشنکر نسیم نے انیس و دبیر کے معاصر کی حیثیت سے ان بزرگوں کے ساتھ صناعی کے کمال میں اپنے کو اس منزل تک پہنچایا کہ ان کا نام انیس و دبیر کے ساتھ لیا جانے لگا۔ کچھ مثالیں ملاحظہ ہوں۔

صنعت ۲۸ مشاکلہ: میں جاکے جلی تو غم نہیں ہائے

ڈر ہے نہ تجھ پہ آنچ آجائے

اس صنعت میں دو لفظوں کو اس طرح لاتے ہیں کہ اصل سے بھی انہیں نسبت ہو اور اپنی جگہ الگ معنی بھی رکھتے ہوں۔

صنعت توجیہ یا متحمل الضدین

۳۹ جس کف میں وہ گل ہو داغ ہو جائے

جس گھر میں ہو وہ گل چراغ ہو جائے

یہ دراصل قرأت کی صفت ہے جس طرح پڑھیے نئے معنی حاصل ہوں گے۔

تجنیس محرف: مشکیں زلفوں سے مشکیں کسواور

کالے ناگوں سے مجھ کو ڈسواؤ

مشکیں اور مشکیں میں تجنیس محرف ہے۔

صنعت سوال وجواب:

پوچھا کہ سبب کہاں کہ قسمت

پوچھا کہ طلب کہا قناعت

یہاں بے اختیار یہ عرض کرنے کو جی چاہتا ہے کہ منیر شکوہ آبادی کا مشہور قصیدہ "اشک زلیخا ہوئے بحر صفت جوش زن"کنایہ کی بہترین مثال ہے لیکن نسیم نے جو خط بکاؤلی کی طرف سے تاج الملوک کو لکھنا ہے وہ بے حد بلیغ کنایہ کی دولت لیے ہوئے۔ منیر شکوہ آبادی کے یہاں بھی صناعی اپنے شباب پر نظر آتی ہے۔ ایک صنعت ہے کلام جامع ۴۰ اس کی مختصر تعریف یہ ہے کہ اس میں شکایت زمانہ ہوئی ہے۔ اس صنعت کے سلسلے میں انیس کا بند "ناقدری عالم کی شکایت نہیں مولا"بہت معروف ہے۔ اس کے علاوہ صنعت تکریر کی مشہور مثال زہر عشق سے دی جاتی ہے۔

عشق سے کون ہے بشر خالی

کر دیئے جس نے گھر کے گھر خالی

لیکن عزیزی رحمت علی خاں کے مطابق تکریر مستانف یا مجدد میں جن الفاظ کی تکرار ہوئی ہے ان کے درمیان وقفہ ہوتا ہے۔ نیز کے یہاں سے انہوں نے مثال دی ہے۔

سر بگریبان فکر، فکر کی دل میں جگہ

خامہ میان دوات، شمع میان لگن

اودھ کے شعراء میں مرزا شوق کا نام بہت مشہور ہے۔ ذرا غور کیجئے۔ زہر عشق کا پہلا مصر

لکھ قلم پہلے حمد رب ودود

اس میں صنعت برآت الاستہلال بھی ہے اور صفت حذف قطع الالف بھی ہے، یعنی مصرع میں الف نہیں ہے۔ ایک شعر اسی صنعت میں ملاحظہ ہو

پیش یوں فرقت حبیب نہ ہو
کسی دشمن کو بھی نصیب نہ ہو

اودھ کے شعراء کی ایک طویل فہرست ہے جن میں محسن کاکوروی، صفی، ثاقب، عزیز وغیرہ کے نام بہت اہم ہیں۔ صرف اشعار درج کئے جارہے ہیں اور صنعت کا نام درج کر دیا ہے۔ اہل نظر کے لئے سمجھنے کو کافی ہے

کالے کوسوں نظر آتی ہیں گھٹائیں کالی
ہند کیا ساری خدائی میں بتوں کا ہے عمل
محسن کاکوروی

صنعت تریر مستانف: ایک سر فکر معیشت وہ کرے یا فکر شعر
کام ہے فکر سخن ہر فکر سے آزاد کا (صفی)
اشتقاق: آتش عشق نے عشاق کو اف پھونک دیا
تھا ادھر حُسن ادھر مہر مبیں کی حدت (عزیز)
صنعت ایرادالمثل: باغباں نے آگ دی جب آشیانے کو مرے
جن پہ تکیہ تھا وہی پتے ہوا دینے لگے (ثاقب)
(دوسرا مصرع ضرب المثل ہے اور یہی نظم کرنا مذکورہ صنعت ہے)

عہد حاضر کا تذکرہ کرتے ہی ایسا معلوم ہونے لگتا ہے جیسے شاعری کا رشتہ الفاظ سے توڑ دیا گیا اور یہ سمجھ لیا گیا کہ شعراء نے ان محاسن شعری کی طرف سے آنکھیں موڑ لی ہیں لیکن قصور شعراء کا نہ تھا قاری کا تھا۔ ان محاسن کی فہم کے لئے جس حلم کی ضرورت تھی وہ تیز رفتار زندگی میں ممکن نہ رہ گیا تھا۔ حالانکہ اقبال جیسے شاعر کے یہاں شاید ہی کوئی۔ ایسی نظم ہو جو صناعی کا شاہکار نہ ہو۔ "مسجد قرطبہ' اور "ذوق و شوق' میں تلمیع، تلمیح، اشتقاق، ابداع، طباق جمع وغیرہ ہر قدم پر ملیں گے۔ بہر حال ضمناً اقبال کا تذکرہ آ گیا۔

۴۲ اودھ میں جوش ملیح آبادی سے دور حاضر کا آغاز ہوتا ہے صنعت جمع میں جہاں سے جی چاہے ان کی کوئی نظم اٹھا لیجئے۔ یہی حال تنسیق الصفات کا ہے، پھر بھی ایک بند نقل کیا جاتا ہے جس میں دونوں صنعتیں موجود ہیں

آب مکاں، امام زباں، آیہ مبیں
کنز علوم، کاشفت سر، کعبہ یقیں
قاضی دہر، قبلہ دوراں، قوام دیں
منشائے عصر، معنی کن، میر عالمیں
تابندگی طرہ طرف کلاہ علم
مولائے جاں رسول تمدن، الہ علم

اس میں بہت ساری صنعتیں یکجا ہو گی ہیں۔ مثلاً پہلے دو مصرعوں میں لف و نشر بھی ہے اور تیسرے و چوتھے مصرعوں میں مراعاۃ النظیر تو ہے ہی، مبالغہ مقبول بھی ہے۔ پہلے مصرعہ کے دو د کن صنعت ترصیع میں ہیں۔ جوش کے یہاں صنعتوں کی تلاش کی ضرورت ہیں "جنگل کی شہزادی' ہو یا "حسین اور انقلاب' ہر جگہ صناعی بولتا ہوا پیکر اختیار کر لیتی ہے صنعت توسیم کی مثال ملاحظہ ہو۔ اس صنعت میں قافیہ کی ایسے حروف پر بنیاد رکھتے

ہیں کہ دوسرے مصرعہ میں ممدوح کا نام آجائے۔ مثلاً جوش کہتے ہیں

جس کی رگوں میں آتش بدرو حنین ہے

جس سورما کا اسم گرامی حسینؑ ہے

حسرت موہانی کلاسیکی مزاج کے غزل گو تھے اس لئے کہ ان کے مشہور شعر

جنوں کا نام خرد پڑ گیا خرد کا جنوں

جو چاہے آپ کا حُسن کرشمہ ساز کرے

میں صنعت عکس ہے اور یہ حیرت کی بات نہیں ہے کہ اس دور کے جتنے ممتاز شعراء ہیں جن میں حسرت اور ان کے بزرگ معاصرین اور کم عمر شعراء ہیں، ان سب کے یہاں صنعتوں کا التزام ہے چاہے وہ اصغر گونڈوی ہوں یا ریاض خیر آبادی یا مضطر خیر آبادی یا آرزو لکھنوی لیکن خوش گوار تعجب ہوتا ہے جب مجاز اور علی سردار جعفری کے یہاں صنعتیں ملتی ہیں۔ مجاز کہتے ہیں

سب کا تو مداوا کر ڈالا اپنا ہی مداوا کر ہ سکے

سب کے تو گریباں سی ڈالے اپنا ہی گریباں بھول گئے

اس میں ردالا بتدائی علی الصدر ۴۳ و صنعت تکریر کی نشاندہی عزیزی رحمت علی خاں نے کی ہے۔ مجاز کا ایک شعر اور ملاحظہ ہو۔

اے دل کی لگی چل یونہی سہ چلتا توہوں ان کی محفل میں

اس وقت مجھے چو نکا دینا ب رنگ پہ محفل آجائے

اب چل اور چلتا میں تجنیس ۴۴ ذیل لطف دے رہی ہے۔ اس کی تعریف یہی لکھی ہوئی ہے کہ ایک لفظ کے آخر میں دو حرف کی زیادتی ہو۔ اس کے علاوہ اور بھی صنعتیں ہیں۔ علی سردار جعفری ۴۵ کے کچھ اشعار ملاحظہ ہوں

خواب اب حسن تصور کے افق سے ہیں پرے
دل کے اک جذبہ معصوم نے لکھے تھے جو خواب

یہ صنعت محاذ بھی کہلاتی ہے اور اکثر نے اسے صفت معاد بھی کہا ہے مگر صحیح نام روالعجز علی الابتداء ہے۔ ان کا ایک بند اور ملاحظہ ہو۔

صبح سے لے کے تا بہ شام، مست خرام، تیز گام
کرتی نہیں کہیں قیام، کرتی نہیں کہیں مقام
جذبہ شوق ہے تمام منزل شوق ناتمام
دامن شش جہات میں سیل رواں ہے زندگی

اس میں صنعت ذو قافیتین، قیام اور مقام میں تجنیس، تیسرے مصرع میں تضاد وغیرہ ہے۔

حضرت خمار بارہ بنکوی کی تمام مقبول عام غزلیں صناعی کا حُسن رکھتی ہیں۔

اسی طرح ڈاکٹر وحید اختر ۴۶ محسن زیدی ۴۷ کے یہاں بھی صنعتوں کا بر محل اور متناسب التزام ہے۔ وحید اختر کے ایک مرثیہ کے چہرے میں قلم کا قصیدہ ہے۔ اس میں تصلیف سے لے کر تجنیس کے بیشتر اقسام، کلام جامع، صنعت جمع اور مراعاۃ النظیر وغیرہ ہیں۔ ان کے مرثیے ''مریم سے بھی سوا ہے فضیلت بتول کی' ایک بند پیش کیا جاتا ہے جس میں تجنیس تجاہل عارف سے لے کر صنعت منقطع ورود۔ درود میں ہے

بولی جو ہو سو ہو یہ ہے کس حسن کی نمو
نیزے پہ سر نہیں ہے، یہ ہے صبح کا ورود
ایسا جوان دیکھے کب چشم ہست و بود
دیکھوں ادھر تو بڑھتی ہے ہر ہر نظر درود

دل کہہ رہا ہے پھول یہ باغ علیؑ کا ہے
میرے دہن میں خاک یہ چہرہ نبیؐ کا ہے
مجروح سلطان پوری ہمارے عہد کے آتش ہیں۔ ان کی غزل
آنکل کے میداں میں دورخی کے خانے سے
پڑھیئے تو اپنے لہجے کے اعتبار سے یہ آتش کی غزل
سن تو سہی جہاں میں ہے تیرا افسانہ کیا

کی یاد دلاتی ہے۔ مجروح بھی اسی بانکپن کے ساتھ اپنی کلاہ کج رکھتے ہیں جو آتش کا طرہ امتیاز ہے۔ یہاں ان کی شاعری پر تبصرہ کرنا مقصود نہیں ہے۔ صرف یہ عرض کرنا ہے کہ آتش نے جب کہا تھا

شاعری بھی کام ہے آتش مرصع ساز کا

تو انہوں نے اپنی شعری روایت کا سلسلہ مستقبل تک پھیلا دیا تھا۔ یہی شعری روایت کے ورثہ دار اور نمائندہ شاعر مجروح سلطان پوری کے یہاں ملتی ہے۔ ان کے دو بہت مشہور شعر ملاحظہ ہوں۔

رفتہ رفتہ منقلب ہوتی گئی صبح چمن
دھیرے دھیرے نغمۂ دل بھی فغاں بنتا گیا
میں اکیلا ہی چلا تھا جانب منزل مگر
لوگ ساتھ آتے گئے اور کارواں بنتا گیا

پہلے شعر میں رفتہ رفتہ اور دھیرے دھیرے نے تکریر پیدا کی۔ نغمہ اور فغاں میں تضاد ہے۔ دوسرے شعر میں جمع ہے، مراعاۃ النظیر ہے اور اب ایرادالمثل ہے کہ پورا شعر ضرب المثل بن گیا ہے۔ جب کوئی ضرب المثل نظم کی جاتی ہے تو اسے ایرادالمثل کہتے

ہیں۔ مجروح کے اس شعر میں صناعی کی یہ کرامت ہے کہ اب یہ شعر ضرب المثل بن گیا ہے۔ ان کے یہاں تلاش کریں پر بھی کوئی ایسا شعر نہ مل سکا جو آتش کی مرصع سازی کے معیار پر پورا اترتا ہو ۴۸۔ مثال کے طور پر ان کے دو معروف شعر

دیکھ زندان سے پرے رنگ تپن جوش بہار
رقص کرنا ہے تو پھر پاؤں کی زنجیر نہ دیکھ
شب ظلم نرغہ راہزن سے پکارتا ہے کوئی مجھے
میں فراز دار سے دیکھ لوں کہیں کارواں سحر نہ ہو

پہلے شعر میں مراعاۃ النظیر، صنعت طباق ہے، دوسرے شعر میں ان کے علاوہ صنعت تجاہل ۴۹ عارف بھی ہے۔ لفظ " کہیں "نگینے کی طرح جڑا ہوا ہے اور یہ صنعت شعر کے پیکر میں بول رہی ہے۔

یہ وہ وراثت ہے جو انشاء اور مصحفی کے زمانے سے ایک نسل سے دوسری نسل تک منتقل ہوتی آئی ہے اور یہ وراثت زندہ و تابندہ ہے یہ سچ ہے کہ اب انیس و دبیر نہیں ہیں اور علم بدیع سے زیادہ علم بیان کی طرف توجہ دی جارہی ہے۔ استعارہ کا ستارہ چمک رہا ہے۔ تشبیہ و کنایہ و مجاز اور پھر دوسری صنعتیں ٹمٹماتی نظر آتی ہیں۔ لیکن آج بھی اعلےٰ علمی سطح رکھنے والے ادبی اذہان، کلاسیکی ادب سے شناسائی تربیت یافتہ ذوق، ادبی معیار رکھنے والے اور محاسن شعری تلاش کرنے والوں کو یہ صنعتیں ذہنی خط و انبساط مہیا کرتی ہیں ۵۰۔ مشاعروں میں بھی عوام یہ تو نہیں جانتے کہ جس شعر پر دہ داد و تحسین کے پھول نچھاور کر رہے ہیں ان میں کون سے محاسن شعری ہیں لیکن غور کیجئے تو یہ احساس ہو گا کہ عوامی ذہن بھی انہیں اشعار سے زیادہ متاثر ہوتا ہے جن میں رعایت لفظی، مراعاۃ النظیر اور حُسن تعلیل کا سحر حلال ہوتا ہے۔

اودھ نے نظم کے ساتھ نثر میں بھی ادبی صناعی کے اعلیٰ ترین نمونے پیش کئے ہیں۔ اس سلسلے میں جاہ و قمر کی طلسم ہوش ربا، آغا جو ہندی کی چھوٹے آغا کی تصحیح کی ہوئی، بوستان خیال، وغیرہ میں سجع، ترصیع، مراعاۃ النظیر اور تجنیس کی مختلف اقسام ملتی ہیں اور یہ ساری صنعتیں آغا حسن، امانت کے ضلع اور جگت اور فقرے بازی سے بالکل مختلف ہیں۔ ان میں سروش سخن بھی ادبی صناعی کا اچھوتا نمونہ ہے لیکن بلاشبہ سرور کی فسانہ عجائب میں یہ تمام صنعتیں معراج کمال پر نظر آتی ہیں۔ سرور نے گلزار نسیم اور سحر البیان کی طرح ہر قصے کے چہرے میں براعت ۵۱ الاستہلال سے کام لیا ہے یعنی ابتداء میں کسی لفظ سے بعد میں رونما ہونے والے واقعات کی طرف اشارہ ہے۔ رعایت لفظی، مراعاۃ النظیر، ایہام التناسب اور صنعت تصحیف کے ایسے الفاظ لائیں کہ حرکات کو بدل دیں تو مدح ہجو بن جائے یا صنعت تزلزل کہ اس میں بھی ذرا سی تبدیلی سے مدح ہجو میں بدل جاتی ہے یا صنعت الہزل الذی کہ بظاہر تمسخرانہ و ہنرلیانہ ہو مگر مراد اس سے ہزل نہ ہو۔ یہ ساری صنعتیں سرور کے یہاں ملتی ہیں۔ ایک بہت مختصر سا ٹکڑا دیکھئے:

"اور تو اور شہدا پیر بخارا کا، ٹماسا، سید الشہداء کا شیدا"۔

۵۲ شہداء، شہدا، شیدا میں صنعت تجنیس نے بیان کا جو حُسن پیدا کیا یہ اس کے حسن کو سمجھنے کے لئے تربیت یافتہ ذہن کی ضرورت ہے۔ سرور کے یہاں ایک صنعت ہے جس کو کوئی نام نہیں دیا جاسکا۔ صرف ایک فقرے پر غور کیجئے:

"اصل تو یہ ہے کہ عسل مصفیٰ جنت کی نہر کا حلق سے اترا" ۵۲ اس میں اصل اور عسل میں تجنیس نہیں ہے، یہاں وہ صوتی آہنگ ہے جو انگریزی ادب میں پایا جاتا ہے۔

صرف داستانوں ہی میں نہیں، اودھ کی بیشتر نمائندہ تخلیقات میں بھی صناعی ملے گی، چاہے وہ فسانہ آزاد ہو یا سرشار کے ناول۔ ظاہر ہے طویل اقتباسات کی گنجائش نہیں۔

"امراؤ جان ادا' سے کچھ فقرے ملاحظہ ہوں:

رسوا: "امراؤ جان، سنا کیا شعر کہا ہے'۔

امراؤ جان: "سبحان اللہ۔ میں پہلے ہی سمجھ گئی جو چاہیں کہیں، مالک ہیں'

اس میں ہجو ملیح اور تاکید الزم بمایشبہ المدح ہے۔ اس لئے کہ مال، داروغہ جہنم کو بھی کہتے ہیں۔ "امراؤ جان ادا' میں صناعی کا باقاعدہ التزام ہے۔ چھوٹے چھوٹے فقرے صنعتوں سے بھرپور ہیں۔ زیادہ مثالوں کی گنجائش نہیں صرف ایک ٹکڑا ملاحظہ ہو:

"اول تو پہلے ہی طبیعت بہت رسا تھی دوسرے لائق احباب کی وساطت سے اونچے اونچے کمروں پر رسائی ہوگئی۔ رسائی کیسی بے تکلفی بڑھ گئی۔!'

یہاں تجنیس، اشتقاق اور "رسائی کیسی' سے صنعت رجوع سامنے آتی ہے۔

اودھ میں ادبی ۵۴ صناعی کی اس داستان معجز بیان کو سمجھنے کے لئے تربیت یافتہ ذوق، کڑھی ہوئی شخصیت، شگفتہ ذہن اور علمی مزاج ضروری ہے اور یہ اسی وقت ممکن ہے جب اہل علم اور شرفاء کی صحبتوں میں ان سے موانست اور مجالست رہا کی ہو۔ اور اگر یہ نہیں، تو پھر بقول انیس

ان صنعتوں کو پائے کہاں عقل سادہ کار!

حواشی تعلیقات

۱ نجم الغنی: بحر الفصاحت ۸۹۲۔

۲ رشید حسن خاں: مقدمہ فسانہ عجائب ۶۷

۳ لفظوں کی چٹانوں سے ابلتے ہیں معانی

اک بات کے سو رخ سے نکلتے ہیں معانی (وحید اختر)

۴۔ پوشش چھینٹ قلمکار بہر دشت وجبل۔ سودا

۵۔ قدیر شاگرد مرزادبیر

۶۔ بحوالہ اردو شاعری میں صنائع وبدائع: عزیزی ڈاکٹر رحمت علی خاں یوسف زئی، ریڈر سنٹرل یونیوسٹی حیدر آباد ۷۰

۷۔ ایضاً ۷۶

۸۔ نجی خط۔ عزیزی ڈاکٹر محبوب عالم انصاری ریڈر ٹی این ڈگری کالج۔ ٹانڈہ

۹۔ فکر وریاض: علی جواد زیدی ۱۱۸

۱۰۔ یہاں ایک بحث یہ پیدا ہو سکتی ہے کہ اودھ میں ادبی صناعی کا نقطہ آغاز کسے اور کیوں قرار دیا جائے؟ انشاء سے ہی اس کا آغاز کیوں؟ وہ سارے دلائل ایک بسیط مضمون کا مطالبہ کرتے ہیں۔ عابد پشاوری کا مضمون "انشاء کا وطن' (نیا دور فروری، مارچ ۱۹۹۴ء) اس سلسلے میں فیصلے تک پہنچنے میں مد ومعاون ہوا۔

۱۱۔ اشعار اور صنعتوں کے انتخاب میں ذاتی وجدان ہی کو دخل رہا ہے، بے شمار اشعار اور بھی ہو سکتے ہیں۔ جتنی صنعتوں کی نشاندہی کی گئی ہے اتنی ہی صنعتیں باقی رہ گئی ہیں۔

۱۲۔ مہذب اللغات ۰ ۳۳

۱۳۔ حیات دبیر: افضل حسین ثابت ۱۶۴

۱۴۔ یہاں اس کی وضاحت ضروری ہے کہ جتنی صنعتیں مرزا صاحب کے یہاں ہیں وہ سب انیس کے یہاں بھی ہیں، راقم الحروف مرزا صاحب کے یہاں ہیں وہ سب انیس کے یہاں بھی ہیں، راقم الحروف نے اسی لئے اس کا لحاظ رکھا ہے کہ دونوں کے یہاں الگ الگ صنعتوں کی نشاندہی کی جائے البتہ کہیں کہیں شعر کے حسن نے مجبور کر دیا

ہے۔

۱۵۔ حیات دبیر: افضل حسین ثابت ۱۶۴،

۱۶۔ ایضاً ۱۷۴

۱۷۔ ایضاً ۱۷۷

۱۸۔ انیسیات ۱۲۷

۱۹۔ حیات دبیر ۱۸۷،

۲۰۔ ایضاً ۱۶۴

۲۱۔ مہذب اللغات ۳۳۹

۲۲۔ المیزان: چودھری سید نظیر الحسن فوق بلگرامی ۷۸

۲۳۔ انیسیات ۱۳۴

۲۴۔ کلام میں ایسے لفظ لاتا کہ بادی النظر میں یہ محسوس ہو کہ ایک لفظ سے مشتق ہے مگر ایسا نہ ہو۔ شبہ اشتقاق سے کلام میں صوتی آہنگ کا حسن پیدا ہوتا ہے۔

۲۵۔ مہذب الغات ۳۲۵

۲۶۔ ایضاً ۳۲۶،

۲۷۔ ایضاً ۳۳۱

۲۸۔ ایضاً ۳۳۱،

۲۹۔ ایضاً ۳۳۸،

۳۰۔ ایضاً۔ ۲۴۶

۳۱، ۳۲، ۳۳ مہذب اللغات ۳۴۶

۳۴۔ اور یہی کمال فن ہے کہ بدیع کو بیان میں لے آئے۔ صوتی آہنگ سے فضا

آفرینی اور شعری منظر نامے کا حسن چمک اٹھا ہے۔

۳۵۔ اینسیات ۱۲۹،

۳۶۔ مہذب اللغات ۳۲۵،

۳۷۔ مہذب اللغات ۳۴۲،

۳۸۔ ایضاً ۳۳۹،

۳۹۔ ایضاً ۳۴۷

۴۰۔ ایضاً ۳۳۸،

۴۱۔ غیر مطبوعہ مقالہ: "اردو شاعری میں ضائع بدائع' از ڈاکٹر رحمت علی خاں۔

۴۲۔ عنوان کی پابندی کے خیال سے صرف اودھ کے شعراء تک تذکرہ محدود رکھا گیا ہے ورنہ اقبال، فیض، مخدوم، ناصر کاظمی، احمد فراز، قتیل شفائی، اختر شیرانی، وامق جون پوری، علی جواد زیدی، کیفی اعظمی ان سب کے یہاں وافر صنعتیں ہیں۔

۴۳۔ اردو شاعری میں صنائع بدائع۔ رحمت یوسف زئی ۴۸

۴۴۔ مہذب اللغات ۳۲۶

۴۵۔ علی سردار جعفری بلرامپور گونڈہ کے رہنے والے ہیں۔

۴۶۔ وحید اختر کا اصل وطن نصیر آباد (رائے بریلی) ہے۔

۴۷۔ محسن زیدی کا اصل وطن بہرائچ ہے۔

۴۸۔ مجروح کی غزلوں کے بارے میں یہ کہا گیا ہے فلمی گانوں کے بارے میں نہیں۔

۴۹۔ مسعود صاحب نے "انیسیات' میں اسے تجاہل عارفانہ لکھا ہے۔ لیکن مہذب صاحب نے تجاہل عارف لکھا اور یہی مرجح ہے۔

۵۰۔ مزاحیہ شعراء مثلاً ظریف لکھنوی۔ ماچس لکھنوی۔ شوق بہرائچی ساغر خیامی کے کلام میں متداول صنعتوں کے علاوہ تزلزل الہزل الذی تصحیف بکثرت ملتی ہیں۔ یہاں صناعی کلام میں بے انتہا شگفتگی و گدگدی پیدا کرتی ہے۔ طوالت کے خیال سے مثالوں سے گریز کیا گیا۔

۵۱۔ مہذب اللغات ۳۳۹

۵۲۔ رشید حسن خاں: مقدمہ فسانہ عجائب ۴۳

۵۳۔ فسانہ عجائب ۷۴

۵۴۔ یہ صناعی ماضی کا مزا نہیں دور حاضر کی بھی زندہ حقیقت ہے۔ پارلیمنٹ ہو یا اسمبلی یا عوامی رہنماؤں کی تقریریں، اگر صناعی ہے تو پھر یادگار حیثیت حاصل ہوتی ہے۔ تقریر کا ایک فقرہ ملاحظہ ہو:

"نیتا کی سنیتی ہی نہیں، نیت بھی اچھی ہو'

ایک بیان پڑھیے: "کل تک وہ ہمارا ہاتھ تھے آج سفید ہاتھی ہیں'

"نوجوان تمہارا ہتھیار نہیں، ہاتھ ہیں' اور صرف سیاستداں نہیں، ہر شعبہ حیات کا انسان اگر لفظ کے استعمال کا ہنر جانتا ہے تو وہ صناعی برتتا ہے۔

(۳) ہند - ایران تعلقات : تہذیبی تناظر میں

اقدار حیات پر مبنی تخلیقی کاوشوں کے مظہر کا نام تہذیب ہے ہماری گفتگو، نشست و برخواست، معاشرت اور پھر اپنے رہن سہن کو سجانے اور سنوارنے کے لئے لسانیات، فن تعمیر، مصوری، نقاشی اور ادبیات میں نئی نئی جدتیں۔ یہ سب تہذیب ہی کا ایک رخ ہیں۔

وہ جو کسی فلسفی نے ہے کہ ہم دوسروں کو دیکھ کر اپنی پہچان اور شناخت بناتے ہیں، کچھ ترک کرتے ہیں، کچھ اختیار کرتے ہیں۔ زندگی کے بہت سے معاملات میں ایک دوسرے سے بہت کچھ سیکھتے اور سکھاتے ہیں اور یہی ایک دوسرے سے رابطہ، انسانی ارتقاء اور اعلیٰ و ارفع تہذیب کی تعمیر اور تشکیل میں مددگار ثابت ہوتا ہے۔

ہندوستان اور ایران کے روابط بہت قدیم ہیں۔ دونوں نے ایک دوسرے سے بہت کچھ سیکھا ہے، اپنایا ہے۔ ہندوستان کے بارے میں مولانا محمد حسین آزاد کا "آب حیات" کا یہ پہلا فقرہ قابل غور ہے:

"آزاد ہندی نہاد کے بزرگ فارسی کو اپنی تیغ زبان کا جوہر جانتے تھے۔ مگر اب تخمیناً سو برس سے کل خاندان کی زبان اردو ہے'۔

اس ایک فقرہ سے اندازہ لگایا جا سکتا ہے کہ اٹھارہویں صدی عیسوی کے اواخر تک ہندوستان کے اہل علم میں فارسی کا ہی چلن تھا۔ اپریل ۱۹۰۰ء تک بھی محکموں اور دفاتر میں فارسی کا ہی رواج زیادہ رہا۔ آج بھی وہ لوگ جو اردو نہیں جانتے، تمسکات، رہن با

لقبض، دستاویز، بڑی بے تکلفی سے بولتے ہیں۔

آزاد نے اپنے مخصوص انداز میں ایران اور ہندوستان کے لسانی تعلقات پر روشنی ڈالتے ہوئے لکھا ہے:

"اور عجب نہیں کہ ان کی زبان دہ ہو جو اپنے اصل سے کچھ کچھ بدل کر اب سنسکرت کہلاتی ہے۔ یہی لوگ ہیں جنہوں نے ہندوستان آکر راجا مہاراجا کا خطاب لیا، ایران میں تاج کیانی پر درفش کاویائی لہرایا'۔

لوکس کے خیالات میں بھی آزاد کی صدائے بازگشت سنائی دیتی ہے وہ کہتا ہے کہ یہ انڈویورپین گروہ جو وادی سندھ میں بلخ کے راستے داخل ہوا تھا۔ اپنی زبان اور مذہبی تصورات میں ایرانیوں سے قریب تھا۔ چنانچہ ایران کی قدیم تاریخ میں چار برنوں کی تقسیم ملتی ہے۔ پیشوں کی بناء پر شناخت بھی ایرانیوں کی ہی دین ہے۔

آزاد نے ہند ایران کے لسانی رشتوں پر روشنی ڈالی یہ۔ معلوم ہوتا ہے کہ قدیم ایران میں زردشت کے ماننے والوں کی مذہبی کتاب کا نام اوستا تھا پھر اس کے مشکل مقامات کی تفصیل لکھی گئی، جو ژند کہلائی اور پھر اس ژند کی تفصیل اور تشریح کا نام پاژند پڑا۔

اس لسانی تعلق کی وجہ سے بہت سارے الفا، جن میں رشتوں کے نام ہیں، سنسکرت اور فارسی میں ایک ہی آہنگ رکھتے ہیں اور سنسکرت اور ان کتابوں کی زبانیں ایک ہی دادا کی اولاد معلوم ہوتی ہیں۔

لیکن ان سے قطع نظر آج بھی زبانوں پر ایسے الفاظ چڑھے ہوئے ہیں جو ایران سے تہذیبی سفر کر کے یہاں آئے اور ہماری تہذیب کا جزو بن گئے۔ چنانچہ حمام، شیشہ، شمع، نماز، روزہ، عید، ماضی، ساقی، بادام، منقیٰ، شہتوت اور مشک وغیرہ ایسے ہی الفاظ ہیں۔ اور

یہ الفاظ یا دوسرے الفاظ اپنے پس منظر میں پوری تہذیب رکھتے ہیں۔ ان الفاظ کے ذریعے انسانوں کو گھر میں متحرک دیکھا جا سکتا ہے۔ جو کچھ استعمال کرتے ہیں اسی سے ان کے ذوق کا اندازہ لگایا جا سکتا ہے، چاہے سیب ہوں یا جہانگیر کے لفظوں میں بدخشاں اور خراسان کا خربوزہ، انگور اور یزد کا انار، یا دستر خوان اگر آہستہ ہو تو قورمہ، پلاؤ، شیر برنج، کباب، مزعفر، شیر مال، نان، شب دیگ اور تنجن ہوں۔ غرضیکہ میر امن نے شہزادی بصرہ کی داستان میں جتنے کھانوں کے نام گنوائے ہیں ان میں سے بیشتر ایران کی دین ہیں۔ کھانا کھاتے ہوئے جب غور کیا تو معلوم ہوا کہ قالین پر بیٹھے ہیں۔ گاؤ تکیہ لگا ہے۔ تو آبدار خانے سے صراحی میں پانی آیا ہے اور ہاتھ دھونے کے لئے اٹھے ہیں تو سامنے آفتابہ موجود تھا۔ اس طرح کے ہزاروں الفاظ ہیں جنہیں سماجی لسانیات کے ماہرین تہذیبی تناظر میں پیش کر سکتے ہیں جو ایران کا عطیہ ہیں۔

ان تمدنی جلووں میں فن تعمیر بھی اہم ہے۔ اس سلسلے میں گلبرگہ کی جامع مسجد، بیجاپور کی جامع مسجد، بیدر میں محمود گاواں کا مدرسہ، احمد آباد کی جامع مسجد، جھولتی میناریں، مسجد رانی جیسی عمارتیں تو ایرانی ماہر فن کی مہارت کا نمونہ ہیں۔ تاج محل کے منصوبہ ساز عیسیٰ بھی ایرانی تھے انہوں نے اطالوی ماہرین کے ساتھ مل کر تاج محل بنایا تھا۔ لیکن ان سب سے بالاتر حضرت امین الدین اعلیٰ کا مقبرہ ہے جس کی تعمیر ان کی وصیت کے مطابق ان کی حیات ہی میں شروع ہو گئی تھی۔ حضرت امین نے خواب میں مشہدِ مقدس میں حضرت امام رضاؑ کے روضہ مبارک کی زیارت کی تھی اور ہو بہو ویسا ہی مقبرہ اپنے لئے تیار کروانا چاہتے تھے اور ویسا ہی مقبرہ بنا تھا۔ حیدرآباد کا چارمینار، الاوہ سر طوق مبارک میں دارالشفاء کے بارے میں معلوم ہی ہے کہ میر محمد مومن استر آبادی کے اثر کی وجہ سے یہ عمارتیں ایرانیت کا نمونہ اعلیٰ ہیں۔

عبدالسلام ندوی نے "تاریخ فرشتہ' کے حوالے سے گول کنڈہ کی بہت سی عمارتوں کا تذکرہ کیا ہے جو ایرانیوں کی طرز پر تعمیر کی گئی ہیں۔ ایرانیوں کے لطیف مزاج میں عمارتوں میں نہر، حوض اور تالاب کی تعمیر ضروری سمجھی جاتی تھی۔ میر حسن نے "سحر البیان' میں جس باغ کی منظر کشی کی ہے وہ ہند ایرانی فن تعمیر کا بہترین نمونہ ہے

عمارت کی خوبی دروں کی وہ شان
لگے جس میں زربفت کے سائبان
چمن سے بھرا باغ، گل سے چمن
کہیں نرگس و گل کہیں یاسمن
چنبیلی کہیں اور کہیں موتیا
کہیں رائے بیل اور کہیں موگرا
کہیں ارغواں اور کہیں لالہ زار
جدا اپنے موسم میں سب کی بہار
کہیں جعفری میں گلوں کی بہار
ہر ایک گل سفیدی سے مہتاب دار
کہیں زرد نسرین کہیں نسترن
عجب رنگ کے زعفرانی چمن
پڑی آب جو ہر طرف کو بہے
کریں قمریاں سرو پر چہچہے
گلوں کا لب نہر پر جھومنا
اسی اپنے عالم میں منھ چومنا

اس اشعار سے جو پہلو سامنے آتے ہیں ان میں حوض و تالاب بنوانا، باغوں میں نہر کی تعمیر، چمن بندی، تختہ بندی، جدول اور بیاباں کو خیاباں میں بدل دینا ایرانیوں کا کارنامہ تھا۔

میر حسن کے اشعار میں ایک اور پہلو قابل غور ہے اور وہ یہ کہ چنبیلی، موتیا رائے بیل، موگرا، گیندا کی مہک کے ساتھ ساتھ ارغواں، لالہ، جعفری، داؤدی، نسرین و نسترن کی خوشبو بھی ہے سرو کے گرد قمریوں کا ہجوم ہے۔ میر حسن نے جو منظر کھینچا ہے اس کے پس منظر میں یہ تاریخی صداقت بھی ہے کہ علی مردان خاں نے لال قلعہ اور جامع مسجد کے درمیان جو نہر بنوائی تھی وہ ایرانی ماہرین فن کی رہن منت تھی۔ محمد قلی نے چار مینار کے پاس گلزار حوض بنوایا تھا اور گجرات کے سلطان محمود نے ایسا عمدہ باغ تیار کرایا تھا جس میں حوض اور فوارے تھے۔ امیر خسرو کو ہندوستانی پھول زیادہ پسند تھے۔ چنانچہ اپنی مثنوی نہ پسر میں بیلا، چنبیلی، جوہی، کیوڑا، سیوتی، مولسری کا ذکر کیا ہے۔ چنپا کو سب پھولوں کا بادشاہ قرار دیا ہے۔ ابوالفضل نے آئین اکبری میں ایرانی پھولوں میں گل سرخ، بنفشا، سوسن، ریحان، تاج خروس، نامرنان خطمی کا تذکرہ کیا ہے۔

ان باغوں میں کثرت سے پرندے پالے جاتے تھے۔ ہندوستان میں طوطا مینا پالے جاتے تھے۔ کوئل کا تذکرہ ہوتا تھا۔ چیل کوے کو حقارت سے دیکھتے تھے البتہ کوا جب دیوار پر بولتا تھا تو کسی کے آنے کی خبر دیتا تھا اور کبوتر پیغام رسانی کے فرائض انجام دیتا تھا۔ بگلا بھگت تھا، سارس حرماں نصیبی کی علامت۔ مور حُسن کا پیکر مگر پیر سے منحوس۔ لیکن ایران میں پرندوں کا عام رواج تھا: شہباز و شاہین، قمریوں و بلبل کے زمزموں اور چہچہوں سے ہر چمن گونجتا دکھائی دیتا تھا۔

فنون لطیفہ کا ایک رخ نقاشی ہے۔ خواجہ عبد الصمد، میر علی تبریزی بھی ہندوستان

آئے۔ اکبر کے دربار میں آقا رضا کاشانی کے فرزند جو خود بھی بہت بڑے نقاش تھے، موجود تھے۔

نقاشی کا ہی ایک رخ خطاطی کو بھی سمجھنا چاہئے جس میں حروف کی تزئین سے لفظوں کی آرائش کی جاتی ہے حالانکہ ابوالفضل نے خواجہ میر علی تبریزی کو خط نستعلیق کا موجد تسلیم نہیں کیا ہے لیکن یہ تسلیم کیا ہے کہ انہوں نے ہی اس کے اصول و ضوابط مرتب کئے تھے۔

یہ ان اثرات کا اجمالی خاکہ ہے جو ہندوستانی تہذیب پر پڑے، لیکن ان اثرات کا ایک اور رخ ملاحظہ ہو:

ہندوستان وہ سرزمین ہے جہاں سے میر عرب کو ٹھنڈی ہوا آئی تھی اور حضرت علی علیہ السلام کو جہاں جنت کی خوشبو محسوس ہوئی تھی۔ اس سرزمین کی مہمان نوازی اپنے اندر جذب کرنے کی غیر معمولی صلاحیت رکھتی ہے اور ایک ایسی فضا ہے جس میں اجنبیت یا بیگانگی کا احساس نہیں ہوتا۔ اس سرزمین کی گنگا جمنا نے بانہیں پھیلا کر ہر آنے والے کو گلے لگایا ہے عزت و احترام کی مسند پر بٹھایا۔ چونکہ ہندوستان کے ایران سے قدیم تعلقات تھے اس لئے آنے والوں کو چھ زیادہ محبت ملی۔ ہندوستانیوں کو عجم کی نفاست نے موہ لیا۔ ایرانی یہاں کے اخلاق کے گرویدہ ہوئے۔ نتیجہ یہ ہوا کہ تاریخ میں ایک منفرد واقعہ ہوا اور وہ یہ کہ ہزار بارہ سو برس میں لاکھوں کی تعداد میں ایرانی ہندوستان آتے رہے یہیں کی خاک سے لالہ گل بن کر ابھرے اور پھر یہیں پر پیوند خاک ہوئے۔ لیکن اپنے ساتھ جو روایات لے کر ابھرے اور پھر یہیں پر پیوند خاک ہوئے۔ لیکن اپنے ساتھ جو روایات لے کر آئے تھے، ہندوستان نے صرف ان روایات کی پاسداری نہیں کی بلکہ ان روایات کو آگے بڑھایا۔ مثلاً نقاشی اور مصوری کی روایت لے کر آئے تھے تو یہ

روایت یہاں آگے بڑھی۔ جہانگیر نے بشن داس کو حکم دیا کہ شاہ عباس صفوی کی تصویر بنائے اور اس نے کمال فن سے اسے انجام دیا۔ شاہ نامہ، گلستاں بوستاں کے مشہور نسخے تیار کئے گئے۔ مسعود کاشی گلستاں بوستاں کے کاتب مقرر ہوئے تھے۔ سید علی خاں جواہر رقم اورنگ زیب کے دربار میں نستعلیق کے ماہر تھے۔

میر علی تبریزی کے شاگردوں میں ملا عبدالرحیم عنبری رقم نے شہرت حاصل کی لیکن فتح اللہ شیرازی نے اس فن کو کمال عروج تک پہنچایا۔ عبدالباقی آئے تو شاہجہاں کے زمانے میں، لیکن اورنگ زیب کے زمانے میں پھر واپس چلے گئے۔ اورنگ زیب نے انہیں یاقوت رقم کا خطاب دیا تھا۔ ان کے بہت سے شاگرد اپنے کو یاقوت رقم لکھا کرتے تھے۔ شجاعت علی شیرازی کو خط نسخ میں بڑی مہارت تھی۔ یہ وہ لوگ ہیں جنہوں نے ہندوستان میں رہ کر خطاطی کی روایت کو آگے بڑھایا۔

اس کے علاوہ ایرانی بحیثیت اتالیق زیادہ شہرت رکھتے تھے۔ راقم الحروف کے جد اعلیٰ سید ابوسعید اورنگ زیب کے بڑے بیٹے محمد معظم (بہادر شاہ اول) کے اتالیق تھے۔ سید محمد مومن استر آبادی قطب شاہی بادشاہوں کے اتالیق بھی رہے اور پیشوائے سلطنت کہلاتے تھے۔ عبدالمجید سالک نے لکھا ہے کہ "ایرانیوں کی یہ بھی خصوصیت ہوتی ہے کہ وہ مقامی باشندوں سے قریبی روابط رکھتے ہیں"۔

ان سب کے باوجود ایرانیوں نے اپنی شناخت اور تہذیبی وجود کو برقرار رکھا۔ آج بھی بہت سارے مقامات پر ایرانی گلی پائی جاتی ہے اور جگہ جگہ ان کے عاشور خانے، شاہ خراسان یا مسجد ایرانیاں جیسا نام رکھتے ہیں۔ بہت سارے لوگ صدیاں گزر جانے کے باوجود اپنے نام کے آگے سبزواری لکھتے ہیں۔

یہاں تک پہنچنے کے بعد تہذیب کا سب سے اہم شعبہ یاد آتا ہے جسے ہم ادبیات

کے نام سے موسوم کرتے ہیں حالانکہ اس پر لکھنے کے لئے دفاتر درکار ہیں۔ بہر حال سرسری طور پر یہ عرض۔ کرنا ہے کہ نثر میں تو راقم الحروف صرف آئین اکبری کا تذکرہ کر سکتا ہے جو ابوالفضل کی تالیف ہے یا بدایوانی یا فرشتہ کی تاریخوں پر یا پھر صوفیائے کرام کے ملفوظات وغیرہ۔ البتہ شعر کی دنیا میں ہندوستانیوں نے اپنی ذہانت اور تخلیقی صلاحیت کالوہا منوالیا۔ امیر خسرو کی نہ سپہر، قرآن السعیدین اور غالب کی شاعری ادبی تاریخ کا روشن باب ہیں، ہندوستان اکر رہ جانے والے شعراء میں عرفی، نظیری اور صائب تبریزی اہم ہیں، صائب چھ برس رہ کر واپس چلے گئے تھے۔ شیخ علی حزیں اور فیضی نے نل و من کا قصہ فارسی میں لکھا۔ عہد جہانگیری میں دہلی کے ایک کائستھ گردھر داس نے فارسی میں رامائن لکھی اور اس کا نام شاہنامہ کے وزن پر رام نامہ رکھا۔ یہ نہ سوچا جائے کہ فارسی ادب کا کوئی تعلق صرف مسلمانوں سے تھا تو یہ درست نہ ہوگا بلکہ حق یہ ہے کہ ہندوؤں سے زیادہ تھا۔ ان میں چندر بھان برہمن، آنند رام مخلص، ولی رام، ٹیک چند بہار کے نام قابل ذکر ہیں۔ ان میں آنند رام، مخلص کی مراۃ الاصلاح اور ٹیک چند بہار کی بہار عجم (اصطلاحی لغات) اہم اور معروف ہیں۔

دانشوروں میں منشی ہر کرن، منشی مادھو رام، پیارے لال آشوب بہت مشہور ہوئے۔ یہ بات بھی قابل ذکر ہے کہ شعرائے اردو کے بیشتر تذکرے فارسی میں ہی لکھے گئے۔ میر کا نکات الشعراء ہو یا لکشمی نرائن شفیق کا چمنستان شعراء یا قائم چاندپوری کا مخزن نکات وغیرہ سب فارسی میں ہیں۔ اودھ میں فارسی کے نو تذکرے لکھے گئے۔ ان میں رتن سنگھ زخمی، بھگوان داس، موہن لال انیس کے تذکرے بہت معروف ہیں۔

اس میں شک نہیں کہ اردو کی شعری اصناف فارسی سے اردو میں آئیں اور اس میں بھی کوئی شک نہیں کہ نصرتی، سودا، انشاء اور منیر شکوہ آبادی کے دھوم دھام کے قصائد

کے باوجود خاقانی، سلمانی، ساوجی کے مرتبے تک نہیں پہنچ پائے۔ مثنوی میں اردو شعراء کی مجال نہیں کہ فردوسی یا مولانا روم کے سامنے کھڑے بھی ہو سکیں۔ البتہ غزل میں ضرور اردو شعراء نے اپنے جوہر دکھائے اور اسے بلندیوں تک لے گئے۔

فارسی ادبیات پر ہندوستان کے فارسی شعراء کا اتنا گہرا اثر پڑا کہ فارسی شاعری میں سبک ہندی کی اصطلاح چل پڑی جو اپنی نادر تشبیہات اور استعارات، کنایہ ندرت الفاظ و زبان و بیان کی نزاکت اور معنی آفرینی کی وجہ سے فارسی شعراء کی آنکھ کا تارہ رہی۔ بعد میں سبک بازگشت کا سلسلہ شروع ہوا اس لئے کہ سبک ہندی کی وقت پسندی اور معنی آفرینی کا لنگر سنبھالنا مشکل نظر آیا۔ البتہ دو اصناف ایسی ہیں کہ جو آئیں تو فارسی سے لیکن اردو نے اس کی شمع کو ایسے روشن کیا کہ اصل کو پیچھے چھوڑ گئے۔ یہ دو اصناف داستان اور مرثیہ ہیں۔ خصوصاً اردو مرثیہ میں انیس و دبیر کے سامنے فارسی مرثیہ گوئی زانوئے ادب تہہ کرتی نظر آتی ہے۔

جس طرح کشمیری شال کی گل کاری، ڈھاکے کی ململ کی لطافت، تمامی کے کپڑے کی چمک دمک نے ایرانی نظروں کو خیرہ کر دیا تھا اسی طرح اردو مرثیہ بھی ایرانی اذہان کے لئے بے حد پرکشش ثابت ہوا۔

ہند ایرانی تعلقات کبھی یک طرفہ نہیں رہے ہزارہا برس میں دونوں ممالک ایک دوسرے سے ہر میدان میں اثرات قبول کرتے رہے اور دور حاضر میں بھی یہ سلسلہ جاری ہے۔ اگر آیت اللہ خمینی، استاد مطہری اور ڈاکٹر علی شریعتی نے ہندوستانی اہل فکر و نظر کو متاثر کیا ہے تو یہ بھی حقیقت ہے کہ مہاتما گاندھی، پنڈت نہرو کے افکار اور اقبال کی شاعری نے ایرانی فکر و نظر کو بصیرت و آگہی سے سنوارا ہے۔

دور حاضر ٹکنالوجی کا دور ہے۔ تہذیبی لطافتیں، اس کا جمالیاتی روپ اس کے حَسین

خد و خال مشینی دھوئیں میں اوجھل ہو رہے ہیں۔ شاید اب ایک نئی تہذیب جنم لینے والی ہے۔ بہرحال اس دور میں بھی اور انشاءاللہ آنے والے دور میں بھی ہندوستان کی ترقی یافتہ ٹکنالوجی کا ایران پر گہرا اثر پڑتا رہے گا۔ آج بھی ایران میں تقریباً ہر شعبہ حیات میں ہندوستانی انجینئر، پروفیسر، ڈاکٹر اور ہندوستانی علماء مثبت کردار ادا کر رہے ہیں۔

ماضی میں ایرانی صناع اور دانشور ہندوستان کے لئے چراغ راہ ثابت ہوئے تھے آج بھی ہندوستانی صناع ایران کے لئے نشان منزل ہیں اور ہندی دانشوروں نے اپنے علمی اکتسابات سے یہ ثابت کر دیا ہے کہ

بجلیاں برسے ہوئے بادل میں بھی خوابیدہ ہیں

(۴) اردو کیوں پڑھیں؟

زبان سماجی وسیلہ اظہار ہے اور اسی طرح سماج میں باہمی روابط کا بنیادی ذریعہ زبان کی تعلیم و تدریس افراد کی خود شناسی کے ساتھ دوسروں کو پہچاننے کا سبب بھی بنتی ہے اور اپنے اعلیٰ مدارج میں زبان خدا شناسی کا بھی ذریعہ بن جاتی ہے جس کی بین اور روشن مثال الہامی کتابیں ہیں لیکن ان تمام باتوں کے ساتھ ساتھ زبان خیالات و افکار و احساسات کی ترسیل کا بھی ذریعہ ہے زبان نظریات کی اشاعت کرتی ہے ایک تمدن اور مہذب سوسائٹی میں تہذیبی اقدار کو سنوارتی ہے۔ کلچر کے ناگزیر جزو کی حیثیت سے اس کے ارتقاء میں ایک اہم کڑی کی حیثیت رکھتی ہے۔ قومی کردار کی تشکیل و تعمیر میں زبان کا نمایاں حصہ ہوتا ہے اس لئے ہر زبان کی تعلیم و تدریس کا مقصد ہوتا ہے۔ سماج کو بہتر بنانا تہذیبی اقدار کو سنوارنا، کلچر کو ارتقاء پذیر بنانا قومی کردار کو استوار کرنا۔ زبان کے مدرس کو ایک نسل کی تربیت کرنی پڑتی ہے وہ قوم کے مزاج کا نبض شناسی بھی ہوتا ہے اور معالج بھی وہ افراد کے ذریعہ سے ملک و وطن کی تاریخ سازی کرتا ہے اور یہ علم کے خزانے کا کلید بردار ہوتا ہے وہ ہوا میں ہ میں نہیں لگاتا۔ آسمانوں کی سیر نہیں کرتا بلکہ اس دنیا میں آسمانوں کی تخلیق کرتا ہے وہ روپوش کو روشناس بھی کرتا ہے معدوم کو موجود بھی بناتا ہے وہ ادب کے جواہر ریزوں کی آب و تاب سے تہذیب میں جگمگاہٹ پیدا کرتا ہے۔ وہ اپنے خون جگر سے الفاظ کو گویائی عطا کرتا ہے سفید گرد سے اس کے آلودہ ہاتھ اور پیشانی سے پسینے کی بوندیں عمل و علم کے امتزاج کا علمی درس دیتی ہیں اور وہ اس تدریس کا معاوضہ معصوم

بچوں کی تتلاہٹ کو شیریں اور دقتیں صدا میں بدل کر حاصل کرتا ہے۔ جوانوں کے شاداب اور کھلے ہوئے چہرے جب اپنے خیالات وافکار کو الفاظ کا جامہ پہناتے ہیں تو کسی تنگ سی گل کے شکستہ مکان میں میں بیٹھا ہوا مدرس یہ سمجھتا ہے کہ اسے اپنی سالہا سال کی ریاضت کا پھل مل گیا ہے۔ اسے اپنے بالوں کی سفیدی پر دکھ نہیں ہوتا۔ وہ خوش ہوتا ہے اور اسے ایک نئی صبح کا اجلا سمجھتا ہے۔ اسے یہ تسکین ہو جاتی ہے کہ اس نے اپنا فرض پورا کر دیا ہے۔

دنیا کی کوئی بھی زبان ہو، ہر زبان کا معلم اور مدرس اسی لئے زبان پڑھاتا ہے شعوری اور لاشعوری طور پر زبان کی تدریس کے متذکرہ محرکات ہوتے ہیں۔ اردو بھی ایک زبان ہے ہم اسے کیوں پڑھائیں ؟ اس کا جواب بھی وہی ہو گا جو کسی دوسرے زبان کے پڑھانے والے کا ہو گا۔ لیکن اردو میں کچھ ایسی خصوصیات بھی ہیں جو موجودہ حالات میں اس کی تدریس کو زیادہ اہم بناتی ہیں۔

(۱) اگر ملک میں متحدہ قومیت کے تصور کو برقرار رکھنا ہے، اگر تہذیب کی رنگارنگی کو زندہ رکھنا ہے، اگر ملک کے چمن میں زعفرانی رنگ کے پھولوں کی بھینی مہک کے ساتھ سفید و سبز و نیلے پھولوں کے رنگ کو بھی برقرار رہنا ہے تو اردو کی تعلیم دینے والے ہر مدرس کو اردو پڑھاتے وقت صرف یہ سوچنا ہے کہ وہ مستقبل کے ہندوستان کو سالمیت عطا کر رہا ہے۔ وہ ہندوستان کی علاقائی اور لسانی بنیادوں پر تقسیم کے خطرات کے تابوت میں کیلیں ٹھونک رہا ہے اس طرح اردو پڑھانے والے صرف مدرس کا کام انجام نہیں دیتے وہ رہبری اور جذبہ قومیت کی تعمیر کا فرض بھی انجام دیتے ہیں۔

(۲) ہم اردو اس لئے بھی پڑھائیں کہ ہمارے سامنے صرف حال ہی نہیں ہے، مستقبل بھی ہے ہندوستان کی تمام زبانوں میں اردو کے علاوہ کسی زبان کو یہ فخر حاصل

نہیں ہے کہ اس کا سرمایہ ادب، مذہبی ہم آہنگی، علاقائی یکجہتی، وسیع النظری آزاد مشرقی اور رواداری کا حامل ہو۔ اردو کو یہ اعزاز حاصل ہے! ہم جب اردو پڑھاتے ہیں تو اس زبان کی تدریس کے ذریعہ ہم یہ بھی بتاتے ہیں کہ یہ ممکن ہے کہ ایک مذہب کا ماننے والا دوسرے مذاہب کے رہنماؤں کی تعریف کرے اور اس طرح تعصب اور تنگ نظری کی ظلمت میں انسانی برادری اور وسیع النظری کا چراغ روشن کرے۔

یہ حقیقت ہے کہ آنے والا وحصار بندی کا نہیں، وسعت کا ہوگا۔ اس میں وطنیت کی تنگ نظری نہیں آفاقیت کا کشادہ دلی ہو گی، عالمی انسانی برادری کے دور میں ایسی ہی زبان زندہ رہے گی جس میں ہر زبان کو جذب کر لینے کی صلاحیت ہو اور وہی ادب باقی رہے گا جو مذہبی اور علاقائی خانوں میں منقسم نہ ہو۔

(۳) ہم اس لئے بھی اردو پڑھائیں کہ ہمیں ان تہذیبی اور معاشرتی اقدار کو زندہ رکھنا ہے ارتقاء پذیر بنانا ہے۔ جن اقدار میں شرافت آزاد خیالی، انکساری، باہمی ہمدردی، ظلم کے خلاف بغاوت اور وسیع تر انسانی مفاد شام ہے۔ دراصل اردو زبان کے خلاف جو آواز اٹھتی ہے وہ انہیں اقدار کے خلاف!

(۴) ہمیں اس لئے بھی اردو پڑھانا چاہیئے کہ غیر طبقاتی نظام کی تعمیر کے لئے اسی ہی زبان کی ضرورت ہے جو پیر حرم سے رسم وراہ چھوڑنے کا مطالبہ کرنے کی روایت رکھتی ہو کہ تیرے صنم کدہ کے بت پرانے ہو گئے۔ اس لئے کہ محنت کشوں کی جمہوریت میں اور ایک غیر طبقاتی نظام میں کسی ایسی زبان کی گنجائش نہیں جو روایت پرست ہو جو زمانے کے سیاسی واقتصادی تغیرات کا ساتھ نہ دے سکے اردو کی ضمیر میں یہ تغیر پسندی شامل ہے۔

آج اردو کا استاد خواہ ابتدائی درجات کی تدریس میں مشغول ہو یا ثانوی سطح پر یا اعلیٰ

تعلیم کے لئے یونیورسٹی اور ڈگری کالجوں میں مصروف کار ہو کسی حد تک مایوس کا شکار ہے وہ سوچتا ہے اردو پڑھنے والے بچوں کا مستقبل نہیں ہے انہیں ملازمتیں نہیں مل سکتیں سوسائٹی انہیں شاید وہ مرتبہ نہ دے گی جس کے وہ مستحق ہیں اور استاد کی اپنے بچوں کے لئے یہ فکر بالکل بے بنیاد نہیں ہے ان میں تلخ صداقتیں پوشیدہ ہیں۔

جب حکومتیں ریت کا محل ثابت ہو رہی ہوں جب سیاسی نظام ہر لمحہ کروٹ لے رہا ہو تو یہ بھی امید رکھنی چاہئے کہ زمانے کے اتفاقات اگر ناسازگار ثابت ہو سکتے ہیں تو سازگار بھی ہو سکتے ہیں اور پھر۔

ہمارے سامنے تو یہ ایک مقدس مشن ہے ایک فریضہ ہے مستقبل کی لڑائی ہے آج اگر لوگ سچ نہیں بولتے تو کیا ہم صداقت کی تعلیم دینا بند کر دیں۔؟

(۵) سنگم سے بیدر تک

میں اجنبی ہوں اور جب کوئی اجنبی کسی شہر میں پہونچتا ہے تو اسے غالب یاد آتے ہیں۔ وہ شعر پڑھتا ہے

بیامبر ارید دگر ایں جابو دزباں داین
غریب شہر سخن ہائے گفتی دارد

لیکن میں یہ شعر کیسے پڑھ سکتا ہوں۔ اس لئے کہ خط ارض تو زباں دانوں کا ہی کا شہر تھا۔ میں نے اس شہر کی خوشبو پہلی بار اپنے وجود میں محسوس کی ہے۔ پہلی بار بیدر کے در و دیوار دیکھے ہیں۔ پہلی بار یہ بہت سے چہرے جو اب شناسا لگتے ہیں مگر جن کی پہلی جھلک میں اجنبیت کا احساس تھا۔ ان چہروں کو دیکھا ہے۔

لیکن پھر بھی مجھے یہ احساس ہے کہ میں آپ کے لئے اجنبی ہو سکتا ہوں لیکن بیدر میرے لئے اجنبی نہیں ہے برسوں پہلے گنگا جمنا کے سنگم پر الہ آباد میں ڈاکٹر ایشوری پرشاد کی تاریخ کی کتابوں میں اسی بیدر کا تھوڑا سا ذکر پڑھا تھا۔ اور اب اس وقت ایسے لگ رہا ہے جیسے میں کتابوں کی ایک دنیا میں پہونچ گیا ہوں جہاں ہر صفحے پر رنگ بکھرے ہوئے ہیں۔ ایسے لگتا ہے جیسے تصویریں متحرک ہیں۔ ان کے ہونٹوں پر مسکراہٹ ہے۔ آنکھوں میں صدیوں کا خمار ہے۔ یہ تصویریں کہانیاں سنا رہی ہیں۔ ایسی کہانیاں جن میں سچائی کا رنگ ہے۔ اور پھر ان تصویروں کے پس منظر میں بہت سے چہرے رقصاں ہیں۔

تقریباً پونے چھ سو برس پہلے کی دنیا نظروں کے سامنے گھوم رہی ہے اب یہ لگتا ہے

کہ ہارون خاں شیروانی، غلام یزدانی، ابوالقاسم فرشتہ ہسٹری آف ساوتھ انڈیا کے سبرامنیم مجھے بیدر کے بارے میں دوبارہ بتا رہے ہیں کہ دیکھو۔ یہاں کی آب وہوا بہت معتدل وخوشگوار ہے، فرحت بخش ہے، جب بھی دیکھوگے شاخ ثمر دار سجدہ شکر ادا کرتی نظر آئے گی۔ یہ وہی بیدر ہے تو جس کے بارے میں کہا گیا ہے۔

زہر سو چشمہ جو آب حیواں

چراغ لالہ ہر جانب ذوزاں

بنفشہ رستہ وسبزہ دمیدہ

نسیم صبح حبیب گل دریدہ

تاریخ فرشتہ

یہی تو وہ جگہ ہے جس کی وسعت اور سرسبزی کو آسماں آسا اور لطافت وصفائی کو آسماں منظر اور نشوونما میں بہشت بریں کہنے والا احمد شاہ بہمنی لومڑی اور کتوں کی دلچسپ لڑائی میں اپنے کتوں کی شکست سے خوش ہوا۔ مورخ انسان ہے مگر فرشتہ کہا جاتا ہے اور فرشتہ یہاں کی خاک کو خاک شنگرنی کہتا ہے اور یہی مورخ اور تخلیق کار میں فرق ہے۔ وہ خاک شنگرنی کہہ کر چپ ہو رہا اور تخلیق کار یہ سوچتا رہ گیا کہ یہ کس کے خون کی سرخی تھی کہیں محمود گاواں سے پہلے اس کا رنگ مٹیالا تو نہ تھا اور بعد میں سنگرانی ہو گیا۔ یا پھر یہ شفق کی سرخی ہے جسے زمین نے اپنے اندر سمو کر آسمان کی ہمسری کا دعویٰ کیا ہے یا کسی بادشاہ کی علم وفضل کے میدان میں سرخروئی ہے کہ اس نے زمین کو اپنے علم سے لالہ زار بنا دیا اور اہل زمین نے اسے شاہ کے ساتھ ولی بھی کہا، چشم تصور دیکھ رہی ہے، صرف ونحو کے مصنف قاضی شاب الدین عمر ایک طرف مصروف درس ہیں تو دوسری طرف مولانا شمس الدین کرمانی کے کشف وکرامات کا چرچا ہے۔ حبیب اللہ جنیدی، احمد شاہ کا پیغام لے

کر مولانا کرمانی کے حضور میں باریاب ہو رہے ہیں کہ انہیں حلقہ ارادت میں شامل کر لیا جائے۔ شہر آباد ہو رہا ہے۔ یہ دیکھتے تو یہ کبھی نہ کہتے

صناع ہیں سب خوار ازاں جملہ ہوں میں بھی

یہاں تو ہر صناع، ہر فن کار سر آنکھوں پر بٹھایا جاتا ہے۔ وہ دیکھئے شکر اللہ قزوینی چلے آرہے ہیں۔ کیوں صاحب! آپ یہاں کیوں چلے آئے؟ اس لئے آیا کہ ہمارے ہی نقش کو دیکھ کر کئی سو برس بعد کوئی مشاعرہ کہے گا

ہے مگر اس نقش کو رنگ ثبات دوام

جس کو کیا ہو کسی مرد خدا نے تمام

میری نقاشی ناتمام نہیں ہے کیونکہ اس میں میرا خون جگر ہے۔ جاؤ عمارتوں کو دیکھو۔ اور پھر۔ یہ کون صاحب ہیں۔ ارے یہ تو ملا شرف الدین ہیں۔ انہوں نے خطاطی اور خوش نویسی میں کمال پیدا کیا۔ خط نسخ، خط کوفی، خط ثلث میں اپنے کمال فن کا مظاہرہ کیا ہے۔ میں نے اب تک نہیں دیکھا۔ لیکن کوئی مقبرہ ہے جس کی گنبد نہیں ہے۔ کسی شیرازی کی لکھی ہوئی خط ثلث میں تحریر اب فن خوش نویسی کی زیارت گاہ بن گئی ہے اور یہی بیدر ہے جہاں بادشاہ کی قدر بھی تھی۔ مگر کیسی قدر۔ یہاں فن کار کی بھی قدر ہے۔ عمارتیں بنتی ہیں۔ تو اس پر بنوانے والے کے ساتھ بنانے والے کا نام بھی درج کیا جاتا ہے۔ یہاں کوئی ایسا گنبد ہے جس میں رنگوں کا تناسب ان کا انتخاب، خط طغراء، سنہرے سفید، ہلکے گہرے سبز رنگ اور ان سب رنگوں کے ساتھ شکر اللہ قزوینی کا قول ہے یا یہ اعلان ہے کہ "فن کار بادشاہوں سے کمتر نہیں ہوتا"۔ ریشمی محلوں سے جھانکتی ہوئی تصویریں تیزی سے گزر رہی ہیں۔ کوئی چپکے سے کان میں کہتا ہے تم مدرس ہو، مدرسہ تو دیکھ لو اور مدرسہ دیکھتے ہی خیال آتا ہے جیسے لکھا ہوا ہے:

"این عمارت تا قیامت پائیدار'

اس فقرے سے تھوڑی سی تکبر کی بو آرہی ہے ایسا لگتا ہے جیسے لکھنے والے نے دعا نہیں کی ہے دعویٰ کیا ہے آسمان سے بجلیاں گر رہی ہیں حرف تکبر مٹ گیا، مگر مشیت نے بھی اس کا خیال رکھا کہ مرکز درس تاریخ کی یاد لاتا ہے کہ کبھی یہاں تین ہزار قلمی کتابیں تھیں اور سولہویں صدی تک یہ مدرسہ آباد تھا۔

ذرا ٹھہریئے میر صاحب! آپ کا نام تو مجاور حسین ہے۔ دیکھئے یہی تو وہ جگہ ہے جہاں شیخ آذری نے پہلا مرثیہ لکھا تھا۔ کون شیخ آذری وہی ناجن کے بارے میں ایک بزرگ نے سرکار دوعالم ﷺ کو خواب میں دیکھا کہ آذری کی بیت کے صلے میں اس کی زیارت کے لئے تشریف لے جارہے ہیں۔

سوراخ می شود دل ماچوں گل حسین

ہر جا کہ ذکر واقعہ کربلا بود

عبدالرزاق کا سفرنامہ بھی بتایا کہ خرم بیدر کی ایک خصوصیت تھی اور صدائے یا حسینؑ اس طرح گونجتی تھی کہ لوگوں نے یزید اور حسین کو بدی اور نیکی، شر اور خیر کی علامت بنادیا اور سماجیات کے محققین کو ہندوستان میں عزاداری کے نقطہ آغاز کے لئے عہد تیمور کے بجائے دکن کی طرف دیکھنا پڑا کہ اس کا فروغ بیدر کا رہین منت ہے۔

کبھی کبھی ایسا لگتا ہے جیسے اس فضاء میں جہاں علم و فضل دانش و آگہی، عرفان و بصیرت کے چرچے تھے، مذہبی رنگ تھا وہیں اس فضا میں یک رنگی نہ کبھی رنگارنگی تھی شعر و نغمہ گونجتا تھا ایسا نغمہ جو اردو کی ادبی تاریخ کی پہلی مستند اور باضابطہ شعری تخلیق میں ڈھل گیا ہے۔ کراچی کے کنارے کا سمندر رہو یا دریائے سندھ اور ادبی چناب کی لہریں یا پھر گنگا جمنا اور نربدا، کرشنا اور کاویری کون ہے جس نے فخر دین نظامی کی مثنوی کدم راؤ

پدم راؤ کے نغمے کی گونج نہیں سنی وہ منظوم داستان مثنوی اور داستان دونوں کا نقش اول ہے۔

اور کراچی میں بیٹھے ہوئے جمیل جالبی سے لے کر حیدرآباد اور گلبرگہ کے گیان چند اور گوپی چند نارنگ جیسا محقق اردو فخر دین نظامی کے بارے میں لکھتا رہتا ہے، ذکر کرتا رہتا ہے ادبی تاریخ کے خد و خال کو ابھارنے والا یہ شخص بیدر کی پندرھویں صدی کی اس تہذیب کی روایات کا امین ہے ان توہمات اور معتقدات کا امین ہے جو مشترکہ کلچر کو سنوارنے میں مدد دے رہے تھے۔ زمانہ بدلتا ہے، حالات بدلتے رہتے ہیں تو ادیب و شاعر ہجرت کرتے ہیں۔ آج دیکھئے جوش اور حفیظ ہندوستان سے پاکستان گئے لیکن یاد وطن نے ہمیشہ باندھے رکھا وہ اپنے کو ملیح آبادی اور جالندھری لکھتے رہے۔ قطب الدین قادری فیروز بھی بیدر سے گولکنڈہ گئے لیکن ہمیشہ اپنے کو فیروز بیدری کہتے رہے۔ وہی فیروز بیدری جس کا کلام اب دستیاب بھی ہو چکا ہے اور جو ہماری شعری تاریخ کی سنہری کڑی ہے اور جس کا ایک مصرعہ زبان زد خاص و عام ہے:

تو دکنی ہے پیارے تو دکنی اچ بول

مگر آج اس کا دوسرا مصرعہ لوگ بھول گئے۔ ہندوستانی ہیں مگر انگریزی بولتے ہیں کتنے ہی برس پہلے اس نے ایک مصرعہ میں لسانیات کا بنیادی اصول سمجھایا تھا کہ بول چال اور رابطہ کی زبان کی جڑیں تہذیبی سر زمین میں پیوست ہوتی ہیں مگر وہ فیروز بیدری تھا اس کا نام گریر سن یا جان بیمن یا ہور نلے نہیں تھا اس لئے ماہرین لسانیات نے اس کے ایک مصرعے کی شرح کرنے کی ضرورت محسوس نہیں کی۔

ماضی کی اس بات میں کتنی پر چھائیاں دکھائی دے رہی ہیں کیسی کیسی آوازیں آ رہی ہیں کبھی کوئی سرگوشی کرتا ہے نل دمینتی کا قصہ سنا ہے ہاں ہاں کیوں نہیں کشمیر سے کنیا

کماری تک کون ہے جو نہیں جانتا اور نہیں جانتا تو سن لو دمینتی بیدر کی تھی قصے اور افسانے تو مر جاتے ہیں ہاں یقیناً مر جاتے ہیں وہ قصے جو لمحات کی پیداوار ہوتے ہیں لیکن وہ قصہ جو لمحات کو اپنی گرفت میں لے لیتا ہے وہ کبھی نہیں مرتا وہ عوام کے اجتماعی حافظے کا جزو بن جاتا ہے وہ لمحہ صدیوں میں پھیل جاتا ہے اسی لئے دمینتی زندہ ہے مگر پری چہرہ جو علاء الدین کی محبوبہ تھی صرف تھوڑے سے حلقہ میں یاد رکھی جاتی ہے اس لئے کہ وہ لمحات کی پیداوار تھی، وہ کارواں جو ماضی سے حال کی طرف آرہا تھا وہ ریشمی پردے پڑی ہوئی محلوں سے نظر آنے والے واقعات کے چہرے اچانک نظر نہیں آرہے ہیں جیسے یہ سب فضاء میں تحلیل ہوتے جارہے ہیں، کتنے لوگ ہیں ابوالقاسم فرشتہ، عبدالجبار ملکاپوری، ہارون خاں شیروانی، عبدالمجید صدیقی ان لوگوں سے پوچھتے ہیں اس کا نام بیدر کیوں پڑا۔ تو کوئی یہ کہتا ہے کہ یہاں کوئی راجا تھا جس کا نام بیدر تھا جو سکندر اعظم کا ہمعصر تھا، کوئی یہ بتاتا ہے کہ اس ریاست کا قدیم دارالسلطنت بیدر تھا، بیدر بھا کا ذکر تلگو ادب میں بھی ہے۔ بیدر بھا مہاراشٹرا کے ودربھا سے مختلف ہے یا موجودہ دور بھا کا تعلق بھی بیدر سے رہا ہے؟ بہر حال یہیں کے راجا بھیم کی لڑکی دمینتی تھی، کچھ سمجھ میں نہیں آتا اس لئے کہ فارسی میں یائے مجہول نہیں بولتے۔ مثلاً بے در بھی کہنا ہوگا تو بی در ہی کہیں گے۔ اگر کوئی حصار مکان یا علاقہ کو توڑ دے تو اس کے لئے بے در ہی زیادہ مناسب ہوگا۔

لیکن نام جو کچھ بھی ہو تاریخ کا کارواں ایک جگہ اکر ٹھہر جاتا ہے، بہمنی سلطنت کے بعد برید شاہی میں صرف ایک قابل ذکر حکمراں۔ مگر تاریخ حکمرانوں سے نہیں بنتی، عوام سے بنتی ہے، صاحب علم و فضل ہے اس لئے کچھ ایسا لگتا ہے جیسے محمود گاواں کی شہادت کے سو سال بعد اس سورج کو گہن لگ گیا اور شیر کی دہاڑ اور للکار، فرہاد کی لے میں بدل گئی۔ وقت کا سیل رواں سب کچھ بہا کر لے گیا۔ اب صرف ماضی کے مزار میں دیا و

حریر کے سے ریشمی واقعات دفن ہو کر رہ گئے ہیں۔ اب تو بے جان عمارتوں کی لاش ہے جسے وقت اپنے کاندھے پر اٹھائے گھوم رہا ہے۔

لیکن نہیں وہ فن کار آج بھی زندہ ہیں جنھوں نے تاریخ کے صفحات کو اپنے خون جگر کی سرخی دے کر عنوان حیات بنایا۔ تہذیب کے وہ بنیادی اصول زندہ ہیں جنھوں نے ایک سنہری تہذیب کو سنور تا تمدن اور اعلیٰ کلچر کا نمونہ پیش کیا، وہ فن زندہ ہے جو بیدری آرٹ کے نام سے اب ساری دنیا میں مشہور ہے۔ وہ ظلمت شب میں ستاروں کے قافلے کی طرح نظر آنے والا آرٹ آج بھی علامتی انداز میں یہ بتاتا ہے کہ سیاہی نہ ہو تو اجالے کی قدر نہیں ہو سکتی اور خیر ہمیشہ شر کے پس منظر میں ابھرتا ہے۔ وہ جمالیاتی ذوق آج بھی زندہ ہے جو فضاء کی تخلیق کرتا ہے، ماحول بتاتا ہے میں چہروں کو دیکھ رہا ہوں۔

مجھے ایسا لگتا ہے جیسے بادل برسے ہوئے سہی، لیکن ان میں بجلیاں ابھی خوابیدہ ہیں۔

چشم غزال آج بھی موجود ہے
بوئے شیراز آج بھی پھیلی ہوئی ہے
آتش کدہ عشق کے شعلے راکھ نہیں ہوئے۔ منتظر ہیں
شاید وقت آنے والا ہے

کہ یہ خاک جسے سے غواص معانی اٹھے تھے، جس کا ہر حذف ریزہ در تابناک تھا، وہ خاک ایک بار پھر لعل و جواہر اگلے گی۔

(۶) مولانا محمد علی جوہر اور قومی یکجہتی

کچھ بات ہے کہ ہستی مٹتی نہیں ہماری
صدیوں رہا ہے دشمن دور زماں ہمارا

اقبال نے اس شعر میں ان طاقتوں کی کشمکش ان کے باہمی تصادم اور اس تاریخی جدلیات کی طرف اشارہ کیا ہے جو ہندوستان اور یہاں کے سیاسی تہذیبی، تمدنی نشیب و فراز کا بہترین مظہر ہے۔ اقوام عالم میں ممالک بنتے اور بگڑتے رہے، تہذیبیں سنورتی اور مٹتی رہیں، نہ جانے کتنے تمدنی آفتاب و ماہتاب تھے جو طلوع ہوئے اور غروب ہو گئے اور اردو کے شاعر فراق نے بطرز استفہام کہا:

تہذیبیں کیوں غروب ہو جاتی ہیں؟

تاریخ صداقت یہ کہتی ہے کہ ہزار ہا برس میں ممالک کے جغرافیے وجود میں آئے اور بگڑ گئے۔ عالیشان قصر کھنڈرات میں بدل گئے، چاہے وہ بابل یا اسوریا ہو یا فراعنہ مصر یا یورپ کے وہ بے نام ممالک جہاں وحشی آباد تھے، یہ سب سطح آب پر بلبلے کی طرح ابھرے۔ ٹوٹے۔ فنا ہو گئے! ان سب میں نسلی، لسانی، مذہبی اور کبھی کبھی علاقائی تفریق پسندی تھی، جس کی وجہ سے ان کا شیرازہ منتشر ہوا، یہ اپنے یہاں کثرت کو وحدت میں نہ بدل سکے اور ماضی کی گزر گاہ میں کھو گئے۔

لیکن ہندوستان آج بھی زندہ ہے!

اس کی تہذیب زندہ ہے، اس کا تمدن موجود ہے، اس کی سماجی تنظیم کا تانا بانا مستحکم

ہے، اس کی روایات، اس کے رسوم یہ سب اپنے وجود کی گواہ ہیں۔

ایسا نہیں ہے کہ ہندوستان میں طوفان نہیں آئے۔ حملہ آور آئے منگول آئے، پتہ نہیں کتنے بے نام آئے، کچھ آئے اور چلے گئے، مگر کچھ اس خاک پاک میں جذب ہو گئے، اس کی کشش نے ان کو مسحور کر لیا اور ہندوستان ان تمام دشواریوں کے باوجود اپنے حُسن اور رعنائیوں کے ساتھ اپنی ہستی کے ساتھ ہر طرح کے تفریق پسندانہ رجحان کا مقابلہ کرتا رہا۔ یہاں بھی بے شمار نسلی، لسانی، مذہبی وحدتیں تھیں مگر ان تمام وحدتوں کی رنگا رنگی میں یک رنگی تھی، ہندوستانیت کا باطنی احساس تھا، جس نے اس ملک کو اس کے تمام تر اقدار حیات کے ساتھ بکھرنے نہیں دیا، پائندہ اور مستحکم رکھا، جہاں تک سیاسی اور انتظامی اکائیوں کے بننے کا سوال ہے تو یہ نقوش تاریخ میں بنتے اور بگڑتے رہے ہیں۔ انتظامیہ اور سیاسی اقتدار کے نئے چہرے ابھر سکتے ہیں، جگہیں تبدیل کر سکتے ہیں، کرسیاں بدل سکتی ہیں، بیٹھنے والے مختلف ہو سکتے ہیں مگر بنیادی ڈھانچہ اور نظریہ حیات نہیں بدلتا اس لئے انہیں کوئی اہمیت نہیں دینی چاہئے۔ اسی لئے اقبال نے کہا اور ہندوستان اسی قومی یکجہتی کی بناء پر اپنی تہذیبی قدروں کے ساتھ دور زماں کی مخالفت کے باوجود اپنا نام ونشان برقرار رکھ سکا۔

قومی یکجہتی کی اصطلاح ۱۹۶۱ء کے بعد کی پیداوار ہے لیکن سچ یہ ہے کہ قومی یکجہتی کے تصورات ہر اس ملک کے لئے تاریخی حیثیت رکھتے ہیں جہاں مختلف بنیادوں پر بہت سارے گروہوں اور ان کے درمیان لسانی، نسلی اور مذہبی وحدت نہ ہو اور کثیر الجہتی ان کے اندر تفریق پسندانہ رجحانات کو ابھارتی ہو۔

لیکن ارنسٹ رینان نے تاریخی اسباب کی طرف متوجہ کرتے ہوئے لکھا ہے کہ تاریخ میں مشترکہ دکھ، مشترکہ سکھ اور ایک ساتھ رہنے کی وجہ سے قومی وحدت کا شعور

بیدار ہوتا ہے۔ ایسا ہی ملک یا قوم کثرت میں وحدت اور رنگا رنگی میں یک رنگی کی بہترین مظہر ہوتی ہے۔ یہ پہلو قابل غور ہے۔ کہ اس طرح کی وحدت اور یکجہتی کے لئے باطنی احساس ناگزیر ہوتا ہے قومی شعور اور نظریہ حیات ضروری ہوتا ہے۔

یہاں اس بات کی وضاحت ہو جانی چاہئے کہ یکجہتی کا مطلب انضمام نہیں ہوتا ہے۔ اپنے ملک میں بھی اکثر لوگ بات تو یکجہتی کی کرتے ہیں لیکن ان کا تصور ہوتا ہے کہ مختلف وحدتیں یا قومی اکائیاں اپنا تشخص اور تفرد شناخت اور پہچان ختم کر کے دوسرے میں ھضم ہو جائیں، جو نہ پسندیدہ ہے اور نہ ممکن ہے اس لئے کہ ایسا کرنے میں ایک قومی اکائی کو دوسرے کے مقابل اپنی تاریخ اپنی روایات اور اپنے معتقدات سے دست بردار ہونا پڑے گا۔ حالانکہ ایسا ہونا ممکن نہیں ہے اور اگر ممکن ہوتا بھی تو یہ صرف اس ملک کا نہیں بلکہ سارے عالم انسانیت کا المیہ ہوتا!

دوسری دہائی میں جب مولانا محمد علی نے خلافت تحریک کو ایک سمت عطا کی تو ان کے پیش نظر یہ پہلو بھی تھا کہ اس وقت کی خلاف عثمانیہ یا ترکی حکومت کثیر الجہت ہے۔ یہاں مختلف نسلی، لسانی اور مذہبی قومیں آباد ہیں اس لئے کہ اگر ترکی کو فتح حاصل ہوئی تو ہندوستان برطانیہ کے سامنے یہ پہلو بطور ثبوت رکھ سکے گا کہ ہندوستان میں کثیر الجہتی کے باوجود یکجہتی پیدا ہو سکتی ہے۔ مولانا نے ایسی فضا پیدا کر دی تھی کہ ۲۲/جون ۱۹۲۰ء کو وائسرائے کے نام اپنے مکتوب میں گاندھی جی نے لکھا تھا:

"میں ایک پکے ہندو کی حیثیت سے اپنے مسلمان ہم وطنوں کے ساتھ پوری دوستی کا حق ادا کرنا چاہتا ہوں، میں بھارت کا نالائق سپوت ہوں گا اگر ان مسلمانوں کی آزمائش کے وقت ان کا ساتھ نہ دوں گا۔'

یہ وہ جذبہ تھا جو مولانا محمد علی ہر ہندوستانی کے دل میں پیدا کرنا چاہتے تھے قومی

یکجہتی کی نفسیاتی اور اخلاقی بنیادوں میں مندرجہ ذیل نکات اہم ہیں:

(۱) باہمی احترام، رواداری، وسیع النظری، اتحاد و اتفاق۔ یہی وہ پہلو ہیں جن کی طرف مولانا نے ہندوستانیوں کی متوجہ کیا تھا۔ ان سارے اخلاق، نفسیاتی پہلو کے لئے مشترکہ دکھ سکھ کی تاریخ کی بنیاد پر ایک نصب العین بھی ضرور ہوتا ہے، جس کی وجہ سے اختلاف میں اتحاد تصادم میں تعاون اور فضل میں وصل کی کیفیات پیدا ہو سکتی ہیں۔ پنڈت نہرو نے "میری کہانی' حصہ اول میں لکھا کہ ۱۹۲۰ء میں سیاسی تحریک اور خلافت کی تحریک نے ساتھ ساتھ قوت پکڑی۔

دونوں ایک ہی راستے پر چلنے لگے۔

(۲) علی برادران اور گاندھی جی کی آواز پر انگریزوں کی ملازمت ترک کی گئی، وکلاء نے وکالت چھوڑی۔ انگلستان کے بنے ہوئے کپڑے پہننا ترک کر دیا گیا۔ خود مولانا محمد علی کا بیان ہے کہ دو سال تک ہندوستان میں جس سامان بے تابی کا معائنہ کیا، وہ فرانس کے انقلاب کی یاد تازہ کرتا تھا۔

اسی کے ساتھ عوامی نفسیات پر بہت گہرا اثر پڑا۔ تو اب ایک بیان ملاحظہ ہو:

"میں جلسہ سے بہت پہلے جلسہ گاہ پہنچ گیا تھا۔ جلسہ مدرسہ کی مسجد کے صحن میں رکھا گیا تھا۔ جہاں ہندوؤں کو بلا روک ٹوک آنے کی اجازت تھی۔ ہندو مسلمانوں کی جذباتی ہم آہنگی و قومی یکجہتی کا بڑا حوصلہ افزاء منظر دیکھنے میں آیا۔ دونوں ایک دوسرے سے اس طرح مل رہے تھے جیسے بھائی بھائی ہوں۔ مولانا محمد علی آئے تو مسجد کے صحن میں ایک تخت پر کھڑے ہو کر تقریر کرنے لگے۔ ان کے ارد گرد ہندو بیٹھے تھے'۔

جب مقصد واضح ہوتا ہے، نصب العین متعین ہوتا ہے اور نظریہ حیات پر یقین ہوتا ہے، تب ہی اس طرح کے مناظر وجود میں آتے ہیں، اس وقت ہندوستانیوں کے

سامنے صرف ایک مقصد تھا: آزادی۔ آزادی۔ اور اس آزادی میں پورے ایشیاء کی آزادی کا جذبہ چھپا تھا۔ اس زمانے کے فکری رجحان، سیاسی کیفیت اور ہم آہنگی کا پہلو معاصر تاریخ میں اجاگر کیا جانا چاہیئے کہ ہمارے رہنما کہتے تھے "میں 'نہ کہو" ہم' کہو۔ اس لئے کہ "ہم' میں "ہ' ہندو کی علامت ہے "میم' مسلمان کی علامت ہے۔ ان دونوں کے ملاپ سے ہی "ہم' بنا ہے۔ ہندو مسلمان ملیں گے تو "ہم' بنے گا۔ نہ صرف "ہ' سے کام چلے گا اور نہ صرف "م' سے۔ دونوں کو ملاؤ ہم بناؤ

اس سلسلے میں ڈاکٹر راجندر پرشاد کی کتاب "باپو کے قدموں میں 'کا یہ اقتباس ملاحظہ ہو:

"اس وقت ہندو اور مسلمان دونوں ہی بڑے جوش و خروش کے ساتھ عدم تعاون میں شریک تھے

ہندوؤں نے خلاف کمیٹیوں کو منظم کرنے اور چندہ جمع کرنے میں مدد کی۔ ایسا معلوم ہوتا تھا کہ یہ ایکا اور اتحاد کبھی ٹوٹنے والا نہیں ہے'۔

یہ پہلو اپنی جگہ پر تھے لیکن ٹھوس سیاسی بنیادوں پر ایسا کوئی کارنامہ سامنے نہیں آیا تھا جس سے اتحاد کی جڑیں اور مضبوط ہوتیں۔ سیاسی بدگمانیاں بڑھنے لگیں، ایسے میں مولانا نے سی، آر، داس کی وفات پر ۱۸/ جون ۱۹۲۵ء کے "ہمدرد' کے اداریہ میں داس کو زبردست خراج عقیدت پیش کیا تھا۔

مولانا محمد علی نے ۱۹۲۳ء میں کاکناڈا کانگریس کی صدارت قبول کرتے ہوئے پنڈت جواہر لال نہرو کو کانگریس کا جنرل سکریٹری مقرر کیا ان کی مردم شناس نگاہوں نے اس شخص کو دریافت کرلیا تھا جس کی بے تعصبی پر انہیں پورا بھروسہ تھا۔

مولانا نے جس آزاد ہندوستان کا خواب دیکھا تھا اس ہندوستان میں عدم تشدد اور

امن کی کارفرمائی تھی۔ انہوں نے جا بجا گاندھی جی کو اپنا سردار اور سردار اعظم کہا اور اپنے زمانے کا سب سے بڑا مسیح نما شخص اور شاہ امن کہا اور یہ بھی لکھا کہ جو نسخہ انہوں نے ہندوستان کے امراض کے لئے انتخاب کیا وہ وہی تھا جو حضرت عیسیٰ نے یہودیہ کے لئے منتخب کیا۔ انہوں نے گاندھی جی کے عدم تشدد کو قبول تو کر لیا تھا لیکن اس خطبہ میں یہ بھی اعلان کیا کہ قیامت کے روز عرش الٰہی کے نیچے میں تشدد کے مجرم کی حیثیت سے کھڑا ہونا پسند کروں گا، لیکن نامردانہ اطاعت کے ناگفتہ بہ جرم کا مرتکب ہونا پسند نہ کروں گا۔

اس کے بارے میں انہوں نے گاندھی جی کے خطبہ صدارت کی مدافعت بھی کی اور پر زور وکالت بھی کی۔ گاندھی جی نے عدم تشدد، ہندو مسلم اتحاد، چھوت چھات، سوراج اور آزادی وغیرہ وغیرہ بہت کچھ کہا تھا۔ مولانا محمد علی نے یہ اعلان بھی کے کہ سو ادھرم اور سوراج میں اگر مذہبی آزادی خاص ہے تو وہ ایسے سوراج کو پسند کریں گے خواہ اس کے چلانے والے ہندو ہی کیوں نہ ہوں اور اگر کوئی ایسی حکومت ہے جہاں مذہبی آزادی نہ ہو تو وہ ان کے لئے ناقابل برداشت ہے۔ خواہ وہ مسلمانوں ہی کی حکومت کیوں نہ ہو۔

مولانا نے مختلف مواقع پر صاف اور واضح لفظوں میں مذہبی رواداری کی اعلیٰ ترین مثال پیش کرتے ہوئے یہ وضاحت بھی کر دی کہ جب تک ایک دوسرے کی صحیح معرفت نہیں ہو گی اس وقت تک اتحاد کے سارے تصورات بے معنی ہوتے ہیں۔ ان کے پیش نظر مقصد کے لئے اتحاد کا مطلب تھا اپنا تشخص برقرار رکھتے ہوئے دوسروں کے ساتھ اتحاد۔ اپنے وجود کو باقی رکھتے ہوئے ساتھ دینا۔ چنانچہ ایک تقریر میں کہا کہ میں کعبہ اور کاشی دونوں کی آزادی کے لئے لڑنے کو تیار ہوں۔ اگر کبھی جنگ کا وقت آئے تو مجھے بلا

لینا۔ اس وقت تلوار نہ بھی ہو گی، جیسی کہ آج نہیں ہے تو ڈنڈا لے کر آ جاؤں گا اور لالہ لاجپت رائے، لالہ گردھاری لال اور بابو بپن چند پال ان میں سے کسی سے بھی انشاء اللہ پیچھے نہیں رہوں گا۔ یہ ہے ہندوستانی قومیت کے متعلق نقطہ نظر جو میرے نزدیک ہر ہندوستانی مسلمان کا ہونا چاہئے۔

ایک اور جگہ انہوں نے ارشاد فرمایا:

"میں مسلمان بھائیوں سے کہتا ہوں کہ اگر ہندو آزادی کے لئے کوشش نہ بھی کریں تب بھی مسلمانوں کو کوشش کر کے ہندوستان کے ہندو مسلمان دونوں کو آزاد کرانا چاہئے۔

صاحبو! یہ میری پالی ٹکس ہے اور یہ میرا مذہب ہے۔ خدا مجھ کو توفیق دے'

مولانا ہمیشہ اس کے لئے کوشاں رہے کہ ملک میں عمومی طور سے قومی یکجہتی اور جذباتی ہم آہنگی اس طرح قائم ہو اور خصوصی طور پر ہندو مسلم اتحاد کے لئے ان کی ۱۹۲۶ء کی یہ تقریر سنہرے حروف میں لکھے جانے کے قابل ہے۔ تقریباً اسی سال گزرنے کے بعد بھی آج کے دور میں اس کی معنویت برقرار ہے۔ اس کے ہر لفظ میں اتحاد اور سیاسی بصیرت کے وہ پہلو چھپے ہوئے ہیں اگر اس پر عمل ہو جائے تو اقبال کے لفظوں میں

آج بھی ہو جو ابراہیمؑ کا ایماں پیدا
آگ کر سکتی ہے انداز گلستاں پیدا

مولانا کی تقریر کا اقتباس درج کیا جاتا ہے:

"یہ ملک کے لئے سخت ترین ابتلا اور آزمائش کا زمانہ ہے۔ نہ آپ خود مشتعل ہوں، نہ اپنے کسی لفظ یا عمل سے اہل ہنود کو مشتعل ہونے کا موقع دیں۔ میں درخواست کرتا

ہوں کہ اگر وہ تمہارے اوپر ہاتھ اٹھائیں تو سر جھکا دو اگر چھری دکھائیں تو سینہ آگے کر دو۔ اگر ظلم کریں تو صبر سے کام لو'۔

مولانا محمد علی نے اپنی سیاسی زندگی کا آغاز "ہمدرد' بن کر اور "کامریڈیت' سے کیا تھا۔ انہیں شدید سیاسی جھٹکے لگے۔ آج کے اکثر دانشوران کی سیاست کو جذباتی رہنمائی سے تعبیر کرتے ہیں، ایسے لوگ یہ بھول جاتے ہیں کہ قومی یکجہتی کے لئے جذبات ناگزیر حیثیت رکھتے ہیں اور جذباتی ہم آہنگی کے بغیر قومی یکجہتی کا شعور نہیں پیدا ہو سکتا، اگر مقصد کی صداقت پر یقین کامل ہے تو شیخ کو گنگا نہانے کے لئے اور برہمن کو وضو کرنے کے لئے تیار رہنا چاہئے۔

مولانا محمد علی نے قوم کو اپنے عمل سے اور اپنی تقریروں سے اسی راہ پر لگایا جو راہ ہندوستان کی آزادی کے بعد صرف کچھ ہی لوگ اپنا سکے یہ بات ذہن نشین رہنا چاہئے کہ اگر مقصد نہیں ہے، اگر عمل کی سمت نہیں ہے تو قومی یکجہتی کا تصور ہوا میں گرہ باندھنے کی ناکام کوشش ہے۔

یہ کہا جا سکتا ہے کہ مولانا محمد علی جوہر کے نظریات و تصورات اب فرسودہ ہو چکے ہیں، جس وقت مولانا نے اتحاد و اتفاق کا نعرہ لگایا تھا اس وقت ہندوستان بھی غلام تھا اور ایشیاء میں سیاسی بیداری کی لہر بھی نہیں تھی۔ اب تو حالات بھی بدل چکے ہیں، ایشیاء جاگ چکا ہے اور ملک آزادی ہو چکا ہے، ساتھ ہی ساتھ تقسیم بھی ہو چکا۔ اب کس نصب العین کی بناء پر اتحاد و اتفاق کی بات کی جاتی ہے یا قومی یکجہتی کا تصور سامنے لایا جاتا ہے ؟!

آج کے تناظر میں ہندوستانیوں کے لئے ملک کی ترقی اپنی سنہری اور شاندار روایات کی بازیافت اور سیکولرازم کی بقاء اور اس سے بڑھ کر انسانیت کے مستقبل کو درخشاں بنانے کے لئے قومی یکجہتی سب سے بڑی ضرورت ہے۔ اس سلسلے میں مولانا محمد علی جوہر کی اس

آخری یادگار تقریر کے کچھ اقتباسات پیش کئے جاتے ہیں جو انہوں نے ۱۹۳۰ء کی گول میز کانفرنس میں کی تھی۔ اس تقریر کا وہ حصہ جو ابدیت کا حامل ہو چکا ہے، اسے موضوع سے متعلق نہ ہونے کی بناء پر ترک کیا جارہا ہے۔ بقیہ اقتباسات سے پہلے یہ اقتباس ملاحظہ ہو جہاں وہ دور حاضر کے قومی یکجہتی کے شعور پر روشنی ڈالتے ہیں یعنی رنگا رنگی میں یک رنگی اور قومی یکجہتی کے لئے بالکل نیا تصور پیش کرتے ہیں:

" آپ دیکھیں گے کہ برطانوی دولت مشترکہ برطانوی امپائر کے اندر نہیں بلکہ اس کے باہر آزاد ریاست ہائے متحدہ ہندوستان ہو گا جس میں ہندوستان کے والیان ریاست بھی ہوں گے، ڈاکٹر مونجے بھی، مسٹر جیکر بھی اور میرے بڑے بھائی بھی، برسوں پہلے جب میں آکسفورڈ چھوڑ رہا تھا تو میں نے لکھا تھا کہ ہم لوگ ہندوستان میں امریکہ سے بہتر چیز کے مالک ہوں گے ہم ریاست ہائے متحدہ کے بجائے مذاہب متحدہ کے مالک ہوں گے۔

جو ایک دوسرے سے بالکل مشابہ تو نہیں لیکن نیرنگی میں یک رنگی ہو گی۔

ہم اپنی عزت آپ کرکے دوسروں کی بھی عزت کریں گے۔

انفرادی حیثیت سے مختلف ہوں گے، لیکن اس میں اس طرح ملے ہوں گے جس طرح محبت کرنے والے ایک دوسرے سے ملے ہوتے ہیں!!

مولانا محمد علی کی آخری تقریر سے آخری اقتباس پیش کرنے سے قبل کا کناڈا کانگریس کے خطبہ صدارت میں انہوں نے جس تمنا کا اظہار کیا تھا وہ پیش کی جارہی ہے۔ یہ تمنا جذباتی ہے مگر جیسا کہ عرض کیا گیا ہے کہ اگر جذبات نہ ہوں تو پھر انسان اور جانور کی شناخت نہیں ہو سکتی۔ مولانا نے لکھا ہے:

"اے اتفاق (اتحاد) تو ضرور آئے گا۔ ہندوستان کو با ہم ملا دے گا، ان کو متحد کر

دے گا لیکن آج ہمارے سامنے نہیں جو تیرے انتظار میں تکلیف اٹھا رہے ہیں تو آئے گا ضرور لیکن کب؟ ایک عرصہ کی مصیبتوں، تکلیفوں، صبر آزما التماسوں اور ہمت شکن انکاروں کے بعد'۔

مولانا نے ہمیشہ جس تصور کو پیش کیا وہ یہی تھا کہ:

۱۔ یکجہتی کی کوئی بنیاد ہونی چاہئے

۲۔ یکجہتی کے معنی انضمام کے نہیں

۳۔ قومی زندگی میں باہمی احترام، رواداری، وسیع النظری اور مشترکہ تاریخ کے ساتھ ساتھ ہر کسی کو اپنا تشخص، اپنی انفرادیت اور اپنی شناخت برقرار رکھتے ہوئے متحد رہنا چاہئے۔

اس سلسلے میں ان کے فقرے ہندوستان کے ہر شہری کو یاد رکھنا چاہئیں اور اسے مشعل راہ بنانا چاہئے۔ مثلاً مولانا نے کہا کہ ہندوستان میں اقلیتیں ضرور ہیں۔ ان کے لئے یہ تحفظ ضروری ہے کہ وہ محسوس کریں کہ ہندوستان میں آئندہ جو بھی حکومت ہو گی وہ ایک یا دو فرقے کی حکومت نہ ہو گی بلکہ تمام ہندوستانیوں کی ہو گی جس میں ذات پات کی تفریق نہ ہو گی۔

ایک نازک مسئلہ اور ایک مشکل مرحلہ اس وقت نظر آتا ہے جب کج فہمی کی وجہ سے خلط مبحث پیدا کیا جاتا ہے۔ مثلاً آپ پہلے ہندوستانی ہیں یا پہلے مسلمان؟ یہ سوال ایسا ہے جیسے یہ کہا جائے کہ آپ چاند و سورج میں کس کی طرف زندگی کو منسوب کرتے ہیں۔ شاخ گل میں کلی کے ساتھ کانٹا بھی ہوتا ہے مگر سب کا اپنا اپنا مقام ہوتا ہے۔ کلی کے لئے کانٹے بھی ضروری ہیں، زندگی کے لئے چاند و سورج اپنے مدار پر متحرک ہیں۔

مولانا محمد علی جوہر نے اس طرح کے ذہنی انتشار اور قومی یکجہتی کی راہ میں روڑا

ڈالنے والوں کے تصورات کی بیخ کنی کی۔ آخری تقریر کا اقتباس یہ ہے۔ انہوں نے کہا:

"مذہب عقیدہ یا رسوم تک محدود نہیں، مذہب میرے خیال میں زندگی کی ایک تعبیر ہے۔ میں ایک کلچر رکھتا ہوں، اصول سیاست اور زندگی کا ایک سطح نظر رکھتا ہوں اور ان ہی چیزوں کے مکمل امتزاج کا نام اسلام ہے، جہاں تک خدا کے احکام کا تعلق ہے میں اول مسلمان ہوں، بعد میں مسلمان ہوں، آخر میں مسلمان ہوں اور کچھ بھی نہیں صرف مسلمان ہوں۔ لیکن جہاں تک ہندوستان کا مسئلہ ہے جب اس کی آزادی کا سوال آتا ہے، جب اس کی فلاح و بہبود کی بحث آئے گی تو میں پہلے ہندوستانی ہوں، بعد میں ہندوستانی ہوں، آخر میں ہندوستانی ہوں اور کچھ بھی نہیں صرف ہندوستانی ہوں'۔

اس مضمون کو ختم کرنے سے پہلے ان کے نقطہ نظر کی وضاحت کے لئے ان کی یہ دعا نقل کرنا ضروری ہے جو انہوں نے "ہمدرد'، کی دوسری بسم اللہ کے موقع پر کی تھی۔ اپنی دعا میں انہوں نے کہا تھا:

"اے رب قدیر اور خدائے بصیر و خبیر! تو دلوں کے پوشیدہ بھیدوں اور سینوں کے اندرونی حُسن و قبح سے واقف ہے تو جانتا ہے کہ میرا ارادہ تیرے دین کی حفاظت، رسول ﷺ کی امت کی حمایت اور ہندوستان کی محکوم و مظلوم مخلوق کی خدمت کے سواء کچھ نہیں"۔

کیا اس دعا کے بعد ان کے قومی یکجہتی کے تصور کی وضاحت کے لئے کچھ اور لکھنے کو رہ جاتا ہے؟

(۷) چراغ دیر

یہ سارناتھ کے مندر سکون دل کا پیام
یہ دل کی طرح تراشے ہوئے حَسیں اصنام
یہ روشنی کے منارے رقیب ظلمت شام
ہر ایک ذرہ میں محفوظ اب بھی بدھ کا کلام
میرے وطن میں یونہی کس کا مان ہوتا ہے
ہریش چندر کا بھی امتحان ہوتا ہے

لہر میں لیتی ہوئی گنگا کی ہر بوند میں ہزاروں شیش محل اور یہ سب محل ہماری روایتوں کے کنول کے درمیان نظر آتے ہیں لیکن یہاں سارناتھ کا مندر دیکھنا ہو یا ان سے نکلتے ہوئے جتھے دیکھنے ہوں دل میں سوز عشق ضروری ہے اور یہی سوز عشق مجھے بھی اس دیار میں لایا ہے۔ مجھے یہ معلوم ہے کہ اسی نگر میں پجاریوں کے جتھے آج سے نہیں، ہزاروں برس سے آرہے ہیں اور مذہبی سنگم کا یہ شہر نہ جانے کب سے تاریخ کی شاہراہ پر کھڑا ہوا لوگوں کو سمجھا جارہا ہے یہ دیار حُسن ہے۔ یہاں جو بھی آئے، خالی ہاتھ نہ آئے، علم و آگہی و معرفت کی بھری ہوئی جھولی لے کر آئے۔ اس لئے کہ شہر کی صبح علامت نو اور علامت حق ہے۔ آپ اسے کسی نام سے پکاریں۔ نام میں کیا دھرا ہے۔ رہے گی تو یہی کنار گنگا کی رام نگری!

البتہ جاتکوں میں لکھا ہے۔ کاشی کے راجہ برہم دت تھے پرانوں میں اسے قطعی

آزاد اور خود مختار علاقہ بتایا گیا ہے۔ شو پران میں کاشی کی عظمت کا تفصیلی تذکرہ ملتا ہے۔ ایک سمت سے آواز آتی ہے "نہیں جانتے"! منو کی بارہویں پشت میں اسے "کاش" نے بسایا اور انہیں کے نام پر اس کا نام "کاشی" پڑا۔ یہ جن پد تھا، یا راجدھانی۔ وارانسی کا نام کیوں پڑا؟ ورنا اور آسی کے درمیان ہونے کی وجہ سے؟ وہ سوکھی ندی کون سی ہے؟

تاریخ کی ریشمی چادر ہٹایئے۔ وہ دیکھئے! رتھ دوڑ رہے ہیں، ان پر جھنڈے لہرا رہے ہیں۔ سفید گھوڑے، پرتاپی راجہ اشو میدھ یگیہ کرنے چلے آ رہے ہیں، ہاں مگر اس یہ نہ سمجھئے کہ یہ یدھ نگری تھی۔ نہ! یں تو کبھی جنگ ہوئی ہی نہیں۔ یہ تو یگیہ کا شہر ہے، علم کا مرکز، جینیوں کا، مہاتما بدھ کا مرکز۔ تھی کوئی کشش جو موحد اعظم شنکر اچاریہ کو یہاں کھینچ لائی تھی۔ یہاں مناظرے بھی ہوئے تھے۔ مناظرہ میں وہ ہار جاتا تھا جسے غصہ آجاتا تھا۔ اس لئے کہ غصہ کی آگ علم کے چہرے کو جھلسا دیتی ہے اور شنکر اچاریہ کے مخالف کو بحث میں غصہ آگیا تھا وہ ہار گیا، اچاریہ جیت گئے۔

یہ شہر دلدار ستاروں کی کہکشاں ہے۔ رامانج، ولبھ چاریہ، سنت کبیر، تلسی داس، چیتنیہ مہاپربھو اپنی علم کی پیاس بجھانے اس شہر میں آئے۔

تاریخ کے کئی اوراق الٹیے۔

یہ نویں صدی عیسوی ہے۔ عبا قبا پہنے، سفید عمامہ باندھے، سیاہ سجی ہوئی مقطع داڑھی، گندمی رنگ، غلافی آنکھوں والا ابو معشر عرب سے چلا آ رہا ہے۔ سوچتا ہے رات تو ہر دیس میں آتی ہے، ستارے تو ہر ملک میں جگمگاتے ہیں۔ مگر یہ کیسا ملک ہے جہاں تاروں کی چمک سے یقیناً رگ جاں پر چوٹ پڑتی ہو گی۔ قسمتوں کے دیئے نجانے کب سے ٹمٹما رہے ہیں۔ گنگا کی لہروں کو اس کے بہاؤ کو ٹکٹکی باندھے دیکھتے رہتے ہیں۔ جب تھک جاتے ہیں تو چادر اوڑھ لیتے ہیں۔ پھر رات آتی ہے، پھر دیکھتے ہیں اور یہی سلسلۂ روز شب وقت کا

تصور سمجھا جاتا ہے اور ابو معشر ستاروں کی گردش اور مکانیت کے ربط کو سمجھنا چاہتا تھا۔ ہیئت و نجوم کا مستند عالم ابو معشر دس برس تک پجاریوں کے اس شہر میں رہا۔ سنسکرت سیکھی، علم حاصل کیا اور قدر دانوں نے اسے سر آنکھوں پر جگہ دی۔

لکھتا ہے:

"ہندوستانی بڑی ترقی یافتہ قوم ہے اور ان کی تعداد بڑی ہے اور ان کا ملک بھی شریف ہے۔ تمام پرانی قوموں نے ان کی ہوش مندی اور مختلف علوم میں مہارت کی تعریف کی ہے۔ چین کے حکمراں ہندوستان کے راجاؤں کو عقل و دانش کا راجہ کہتے ہیں کیونکہ یہ علوم میں دلچسپی رکھتے ہیں۔ ہندوستان ہر زمانے میں عقل کی کان اور عدل و انصاف و نظام کا سر چشمہ رہا ہے لیکن ہمارے ملک سے ان کا ملک دور ہے اس لئے ان کی علمی چیزیں بہت کم ہم تک پہونچتی ہیں۔ اس لئے ان کے فضلا کے بارے میں ہم کو کم واقفیت حاصل ہو سکی ہے۔ علوم نجوم میں تین مکتبہ خیال ہیں:

ا۔ سدھانت (برہم گپت) ۲۔ اوج تھو (آریہ بھٹ) ۳۔ ارکنڈ (کھنڈ اکھدیک)۔ لیکن ہمیں صرف سدھانت حاصل ہو سکا۔ ا)

اور عبا و قبا ہی نہیں، بریچز، تنگ کوٹ، ٹوپ والا، گورے رنگ والا برنیئر صاحب ۱۶۵۵ء میں یہاں آیا تو اس نے بھی کاشی آکر عالموں سے درس حاصل کیا۔ اس کے سفر نامے میں ان کے عہد کے معاصر علماء کا تذکرہ ملتا ہے جس طرح عرب میں بازار عکاظ میں میلہ لگا تھا۔ شعراء نابغہ کے پاس اپنے قصیدے سے لے جایا کرتے تھے، جسے وہ پڑلیتا تھا وہ قصیدہ مستند ہو جاتا تھا بالکل اسی طرح یہاں کے پنڈت اور شاستری وشاشمیدہ گھاٹ پر خیمہ لگا کر سودا کے لفظوں میں اعلان کرتے تھے:

"اب سامنے میرے جو کئی پیر و جواں ہے

دعویٰ نہ کرے یہ کہ میرے منہ میں زباں ہے'

علمی نکات پر شمال و جنوب کے علماء میں غضب کی بحثیں ہوا کرتی تھیں خیالات کی رسہ کشی جاری رہتی تھی۔

علم کی اس مقدس اور سنجیدہ فضا میں تھے کہ اچانک ساز بجنے لگے۔ نغمات نے اپنی طرف کھینچ لیا۔ یہ تو بالکل ہی دوسری دنیا ہے۔ ٹھمری کی ایک مخصوص لے فضا میں گونج رہی ہے۔ یہ تو کاشی کی دین ہے کون ہے؟ جس نے طبلے کی تان پر کنٹھ مہاراج، گڈائی مہاراج کا نام نہیں سنا اور پھر رہتی دنیا تک ساز صنم میں سوز حرم کا نمونہ استاد بسم اللہ خاں ہیں۔ کبھی محرم میں دیکھئے، پرنور سفید ڈاڑھی، رخساروں پر بہتے ہوئے آنسو اور شہنائی کی دھن۔ رلاتی ہوئی۔

رقص کی دنیا کی پائل آج بھی گوپی کرشن اور ستارہ دیوی کے گھنگھروؤں کی آواز سے مرتعش ہے۔ یہ نہ سوچئے گا کہ ہر فن میں نام اہم ہے۔ نا! یہ بنارس میں زری کی شام و سحر کروڑوں بے نام فنکاروں کی دین ہے۔ اس کی چمک دمک دیکھئے تو اس کے ہر تار میں سو بار تار نظر الجھ کر رہ جائے۔ کبھی تو جگمگاہٹ کہکشاں کی راہ گزر کی ہمسری کرنے لگتی ہے اور کبھی اس کی دمک میں محبوب کے رخساروں کی گلابی اتر آتی ہے۔

بنارس ہمیشہ سے سرخرو رہا ہے۔ " کھیکے پان بنارس والا'۔ پان اور زردہ یہاں کی شان۔ اور یہ بھی یاد رکھئے جب کسی کو پان دیا جاتا ہے تو ملا وجہی کے لفظوں میں اسے مان دیا جاتا ہے۔ یہ دل کی شکل والا برگ سبز ہماری تہذیب کا اس لئے بھی ایک بہت اہم رکن ہے کہ اسے پیش کرتے ہوئے سمجھاتے ہیں گویا ہم نذرانہ دل لے کر آئے ہیں جس کی سرخی ہونٹوں سے جھلکے گی۔

اور یہ بات بھی یاد رکھنے کی ہے کہ اس شہر کا تعارف بیڈھب بنارسی نے بھی خوب

کرایا ہے۔

بے ڈھب کاشی نہ چھوڑیو وشوناتھ کا دھام

مرنے پر گنگا ملے، جیتے لنگڑا آم

اور دیکھئے! اب یاد آیا، ہندی ادب کے کیسے کیسے رتن یہاں رہے جے شنکر پرشاد، ہری اودھ، رام چندر شکل، شیام سندر داس، اگر جی اور بہت سے نام۔ اور شاعر، ادیب، کتھاکار، صحافی۔

اس خاک سے اٹھے ہیں وہ غواص معانی

جن کے لئے ہر بحر پر آشوب تھا پایاب

اور یہیں بھار تیندو بھی رہے۔ اردو کے شاعر۔ غزل کے جادو کے اسیر۔ ! اردو شاعری کی روایت کی سنہری کڑی!

اسی بنارس کے شہر اور کاشی نگری میں ابو معشر کی روایت کو آگے بڑھاتے ہوئے شیخ علی حزیں محو خواب ہیں۔ وہی شیخ حزیں جنھوں نے سودا کے اس شعر پر

ناوک نے تیرے صید نہ چھوڑا زمانے میں

تڑپے ہے مرغ قبلہ نما آشیانے میں

زانو پیٹ پیٹ کر تعریف کی تھی اور کہا تھا ایک مرغ قبلہ نما بچا تھا اسے بھی تڑپا کر قیامت کر دی۔

یہیں سے ۱۸۲۷ء میں کلکتہ جاتے ہوئے غالب نے اسے دیکھا، عاشق ہوئے، مثنوی لکھی "چراغ دیر' کے عنوان سے شعر کہہ ڈالے اور حنیف نقوی نے اس کا منظوم ترجمہ بھی کر ڈالا۔

تعال اللہ بنارس چشم بد دور

بہشت خرم و فردوس معمور

اور یہی وہ شہر ہے جہاں سے واجد علی شاہ ۱۸۵۶ء میں گزرے تھے۔ مثنوی حزن اختر میں لکھا

بنارس میں اکر رہے چودہ روز
وہ راجہ کی کوٹھی میں ہم سینہ سوز
بہت پیش آیا اطاعت کے ساتھ
اتارا مجھے کوٹھی میں ہاتھوں ہاتھ
وہ مصروف خاطر ہوا اس قدر
فرشتہ بنا کہنے کو تھا بشر

تاریخ نے یاد دلایا کہ بنارس کبھی اودھ کا حصہ تھا۔ مگر بکسر کی لڑائی کے بعد سے بنارس کی حیثیت آزاد ریاست کی ہو گئی تھی۔ اسی بنارس کے راجہ بلوان سنگھ نظیر اکبر آبادی کے شاگرد تھے۔ ہر مہینے مشاعرہ کرایا کرتے تھے۔ فارسی کے مصرعوں پر تضمین بھی کیا کرتے تھے۔ ذرا یہ دو بند دیکھئے۔

حسب نسب سے میرے سب زمانہ ہے آگاہ
گدا تو کیا میرا رتبہ جانتے ہیں شاہ
عیاں ہے ماہی سے گو شہرہ سخن تا ماہ
میں ان کا بندہ درگاہ ہوں خدا ہے گواہ
علی امام من است و منم غلامی علیؑ
ہزار جان گرامی فدائے انام علیؑ

اردو شاعری کی ساری روایات کو اپنے اندر جذب کئے ہوئے یہ فخریہ شعر بھی

ملاحظہ ہوں

غلام سرورِ انجم سپاہ ہوں راجہ
میں نیر فلک عز و جاہ ہوں راجہ
یہ سچ ہے ملک معانی کا شاہ ہوں راجہ
سخی ہوں خلق میں عالم پناہ ہوں راجہ
پس است حب حسینؑ و حسنؑ بہ سینہ امن
ہمیں زمرد و لعل ست در خزینہ من

اس بحث سے کیا فائدہ کہ راجہ حاتم علی بیگ مہر کے شاگرد تھے یا مصاحبت کا رشتہ تھا، اتنا تو مانا ہی جاتا ہے کہ وہ ایک اہم ادبی شخصیت تھے اور انہی شعراء میں جو بنارس کے حُسن کے گرویدہ ہوئے وہ منیر شکوہ آبادی بھی ہیں، جنہوں نے کہا تھا۔

باجے ہزاروں بجتے ہیں لیکن صدا ہے ایک
تقریریں مختلف ہیں مگر بولتا ہے ایک
ہم نے کیا مصالحہ اسلام و کفر میں
پانی ملا دیا چہ زمزمیں گنگ کا

بنارس کا مشہور میلہ "بڑھوا منگل' جب دیکھنے آئے تو انہوں نے منظر کی روح کو اپنے اندر جذب کر لیا۔

کنار آب انبوہ حسیناں
ہر اک جانب ہجوم مہ جبیناں
سنہری تھالیاں چومک سے روشن
بتاسے، دوب تلسی، دھوپ، چندن

مٹھائی، ناریل، پھول اور چاول
گلوری، کالے تل، سیندور، گوگل
چڑھانے میں نہانے میں لب آب
جہاں دیکھوں وہاں پوجا کا اسباب
بھجن گاتے ہوئے پنڈے کسی جا
کہیں یگیہ ہے کہیں ہے ہون پوجا

دراصل بنارس کی یہی پہچان ہے جس کاشی کے اردو شعراء پرستار ہیں وہ صبح اور وہ کاشی دراصل ایک تہذیبی علامت تھی جس کی سمت سے بادل متھرا جاتا تھا۔ اور یہ وہ شعراء تھے جن کے یہاں کعبہ میں رات بھی باوضو داخل ہوتی تھی اور جہاں جبیں پر اوبرو کو رحل پر رکھے ہوئے حمائل سے استعارہ کرتے تھے۔ ایسے شاعر کے یہاں برق کے کاندھے پر صبا گنگا جل لاتی ہے۔ یہاں کی شعری روایات، اس کی وراثت بہت عظیم تھی۔ کچھ شعر سنیئے

کب ہنسا تھا جو یہ کہتے ہو کہ رونا ہو گا
ہو رہے گا وہی قسمت میں جو ہونا ہو گا
ایسے دریا میں سلامت روی موج نہ ڈھونڈھ
پار ہوتا ہے تو کشتی کو ڈبونا ہو گا
اک طرف دوست کا اصرار کہ آنکھیں کھولو
اک طرف موت تھپکتی ہے کہ سونا ہو گا
ہم کو اقبال مصیبت میں مزا ملتا ہے
ہم تو یہ جان کے ہنستے ہیں کہ رونا ہو گا

آج سے چھپن برس پہلے یہ غزل دلی میں قوال سے سنی تھی، ایک بزرگ ساتھ تھے دریافت کیا کہ "سارے جہاں سے اچھا' والے اقبال کی ہے۔

ارشاد ہوا۔ ہاں۔ بارہ برس پہلے حیدرآباد میں اقبال اکیڈیمی میں اقبال کے غیر متداول کلام میں اقبال کے دو شعر مطبوعہ دکھائی دیئے۔ خیال آیا کہ جو شعر یاد ہیں وہ بھی لکھ دوں۔ چنانچہ لکھ تو دیا مگر دل نہیں چاہتا تھا کہ اسے علامہ اقبال کا تسلیم کیا جائے۔ حنیف نقوی نے تحقیق کی اور بتایا کہ اشعار اقبال بنارسی کے ہیں۔ یہاں پنڈت مدن موہن مالویہ نے یونیورسٹی قائم کی تھی، یہاں کاشی ودیاپیٹھ بھی ہے لیکن یہیں ڈاکٹر سمپورنا نند بھی رہتے تھے۔ آنند تخلص کرتے تھے ان کی غزل کا ایک مقطع یاد ہے۔ ملاحظہ ہو۔

مے آنند اب تو پیتے ہیں
عاقبت کی خبر خدا جانے

یہیں حکیم کاظم بھی تھے جنہوں نے قصیدے کو ایسی اونچی مسند پر بٹھایا کہ کاظم حسین محشر وغیرہ کے ساتھ ان کا نام لیا جانے لگا۔ یہیں ڈاکٹر ناظم بھی ہیں جو اختر جونا گڑھی سے اچھے سانیٹ لکھ چکے ہیں اور جن کے اشعار کی دنیا میں گنگا کے پانی کی حلاوت بھی ملی ہوئی ہے اور یہیں نظیر اکبر آبادی کی روایت کو آگے بڑھانے ولا نذیر بھی تھا جس کے ہر شعر میں سو پھول مہک اٹھتے تھے۔ ان سب کے یہاں ایک قدر مشترک تھی

یہ شہر جمال جہاں برسات کی گھنگھور گھٹا جیسا برس جانے والا حُسن ملتا ہے جہاں شب انتظار میں جوانی کی انگڑائیوں کی یاد ہے جو اپنی حلاوت و مٹھاس کا روشن مینار اور جو خود اپنی ذات سے خوبصورت ہے مگر جس نے اپنا حُسن تقسیم بھی کیا ہے۔ میرا جونپور اسی بنارس کی قسمت میں لکھا ہوا تھا اور یہیں سے محبوب کی زلف کے لام کی طرح بھوجپوری لہجہ شروع ہو جاتا ہے۔ کانوں میں " گہل، دھل، دہلس' جیسے لفظ رس ٹپکانے لگتے ہیں۔

اس زبان کی پرچھائی نثر میں بھی تھی۔ اب بھلا یہ کون یاد رکھے گا کہ اردو ناول کا نقطہ' آغاز "خط تقدیر' نہیں فسانۂ غوث ہے۔ خط تقدیر میں نہ تو کہیں دل دھڑکتا ہے اور نہ بے چینی ہوتی ہے نہ ہی تشویش ہے۔ لیکن فسانۂ غوث جو کہ ۱۸۶۴ء میں لکھا گیا، اس میں تو سب کچھ ہے۔ ایک ملک کے بادشاہ کے دو وزیر اور بادشاہ کی تمنا کہ ایک ایسی عورت مل جائے جس میں حُسن، عفت اور خوش آوازی تینوں صفت رہے۔ خرد کیش وزیر ایسی عورت کا پتہ نہ لگا سکا لیکن بحرور وزیر نے تینوں صفتیں اپنی بیوی افضل النساء میں بتائیں۔ خرد کیش نے ایک عیارہ کے ذریعہ افضل النساء کی برہنہ تصویر حاصل کرلی۔ افضل النساء کو جب یہ معلوم ہوا تو وہ بھیس بدل کر بادشاہ کے پاس پہونچی، سارے حالات بتائیے۔ خرد کیش اور عیارہ کو سولی دی گئی اور افضل النساء پھر اپنے شوہر کو مل گئی۔

منشی کریم الدین کو ڈاکٹر محمود الٰہی جیسے معتبر نقیب ملے، بیچارے شیخ محمد کریم اللہ عرف غوث محمد قریشی بنارسی کو کوئی محقق نہ ملا۔ سہیل بنارسی نے بھی ان کا ذکر داستانوں میں کیا اور رہ گئے۔ حالانکہ ایک سو اٹھارہ صفحہ کا یہ ناولٹ پڑھنے سے تعلق رکھتا ہے۔

بنارس میں تخلیقی ادب کی طرف بہت توجہ تھی۔ نئے نئے راستے تلاش کئے جانے لگے۔ اسٹیج کو رونق بنارسی، ونائک پرشاد طالب بنارسی، نرائن پرشاد بیتاب بنارسی نے عوام کے لئے مرکز توجہ بنادیا تھا اور یہیں سے آغا حشر نے اپنی بلند آواز اور گھن گرج کے ساتھ کہا تھا:

"ہوا میں گرہ باندھنے کی ناکام کوشش مت کرو'یا"موت کی سانس کا شعلہ تمہارے نگارستان عیش کو مقتل آرزو بنادے گا۔' اسی سرزمین سے فسانہ نادر جہاں سنانے والے عباس حسین ہوش اور علیم مسرور بھی ابھرے تھے۔

لیکن کبھی کبھی ایسا ہوتا ہے کہ ایسی شخصیت وجود میں آتی ہے جو تاریخ کی پروردہ

نہیں ہوتی بلکہ تاریخ بناتی ہے۔ جس کی نرم و خنک روشنی چاند کی طرح پوری فضا کو اپنے اندر سمو لیتی ہے۔ وہ دبلا پتلا، چمکتی ہوئی آنکھ، سادہ دھوتی کرتہ۔ جس کی پیری کی ہڈیوں میں مچلتا ہوا شباب۔ وہ انسان جس نے لمہی کو ادبی تاریخ کا ابدی لمحہ بنا دیا، جس نے سکھایا کہ وقت کی کسوٹی پر وہی ادب کھرا اترتا ہے جس میں آزادی کا جذبہ ہو، تعمیر کی روح ہر، تفکر ہو۔ جو ہمیں سلائے نہیں کیوں کہ اب زیادہ سونا موت کی علامت ہو گی۔

جس نے ناول، افسانے، ڈرامے، تنقیدیں سب لکھی ہیں۔ لیکن جس نے بہت پہلے مستقبل کے افق پر ابھرتی ہوئی اس تاریکی کو دیکھ لیا تھا جو سپیدہ سحری کے لئے خطرہ بن جاتی ہے جس نے اسلام کا "وش ورچھ' لکھے جانے پر اپنے احباب کو خط کے ذریعہ لکھے جانے پر آگاہ نہیں کیا تھا بلکہ پورے ملک کو تعصب و نفرت کے خلاف آگاہ کیا تھا۔ وہ دشمن تھا نفرت کا، وہ پریم کا چندر ما تھا اس لئے آج بھی وہی بنارس کی پہچان۔

اس کے اس شہر دلدار میں اس کی بنائی ہوئی روایت کو لوگ سینے سے لگائے رہے۔ یہاں شعبہ فارسی کے سربراہ امرت لال عشرت تھے، اردو کے جانثار مجاہد اور شعبہ اردو کے صدر حکم چند نیر تھے، یہاں ماہر غالبیات اور ساری دنیا میں منفرد مولوی مہیش پرشاد بھی تھے۔ یہاں پرہلاد گھاٹ میں عربی کالج ہے اور یہاں شہنائی کی گونج میں گنگا کی لہروں سے زم زم کی بوندیں بوس و کنار کرتی نظر آتی ہیں اور یہیں سے تو گنگا کے بادل متھرا تک جاتے ہیں۔

ساز صنم میں سوز حرم کی ہم آہنگی جو سیاہ رات کو صبح کی درخشانی عطا کرتی ہے جہاں ہرے کرشنا اور بسم اللہ الرحمن الرحیم ایک دوسرے سے مربوط ہیں کیونکہ دونوں کا ماحصل سات سو چھیاسی ۷۸۶ ہے۔

اس لئے آیئے

اب چلیں
کسی اور شہر میں جہاں کا نیا سفر نامہ لکھیں۔

حاشیہ:۱) ڈاکٹر تاراچند:"اسلام کا ہندوستانی تہذیب پر اثر"

(۸) مولانا ابوالکلام آزاد اور آزادی کا تصور

انسانی تخلیق کا نقطہ آغاز اختیار اور ارادے کی آزادی ہے اور خالق کائنات کی طرف سے انسان کو ذہنی وفکری آزادی عطا کی گئی ہے اور یہ آزادی سمت و جہت بھی رکھتی ہے اور سمت وجہت ہی پابندی کی طرف اشارہ کرتا ہے دوسرے لفظوں میں کہا جا سکتا ہے کہ آزادی قوانین کی پابندی کا نام ہے۔

سمت کا تعین اور قوانین یا الہامی بنیادوں پر ہوتے ہیں یا اجتماعی مشورے کی بنیادوں پر دوسری صورت میں ان قوانین کو عوامی تائید حاصل ہوتی ہے لیکن دونوں صورتوں میں یہ قوانین کسی پر مسلط نہیں کئے جا سکتے انھیں تسلیم شدہ صورت میں نافذ کیا جا سکتا ہے۔ دراصل یہیں سے آزادی کا تصور ابھرتا ہے اور یہ تصور بھی اتنے ہی گوشے رکھتا ہے جتنے گوشے خود انسانی زندگی رکھتی ہے یہ ممکن ہے کہ سیاسی، معاشی اور سماجی آزادی کے باوجود ایک فرد یا معاشرہ ذہنی طور پر آزادانہ ہو اور اپنے ہی اوہام، تعصبات اور رسوم کا غلام بنا رہے۔ تقلید کی وہ زنجیریں جو بے بصر حلقہ چشم کی طرح ہوتی ہیں ان کی غلامی اور بھی خطرناک ہوتی ہے۔

آزادی کے اثبات کے ساتھ آزادی کے مفہوم کے تعین کیلئے اس کی نفی پر بھی غور کر لینا چاہئے آزادی کی نفی بندگی ہے یہ بندگی یا اطاعت اگر ارادہ و اختیار کی بناء پر ہے تو اعلیٰ ترین منزل کی طرف لے جاتی ہے اور اگر اس میں جبر ہے تو پھر یہ بے چارگی ہے اسے اسفل ترین غلامی کی مکروہ شکل کا نام بھی دیا جاتا ہے۔

اسلام نے آزادی کا جو تصور لا الہ الا اللہ کے ذریعہ پیش کیا تھا اس میں قوانین خداوندی کی پابندی کے ساتھ ارادہ و اختیار ضمیر کی آزادی کا تصور بھی موجود تھا انسان کیلئے ایک ہی کو سجدہ کرنا ناگزیر قرار دیا گیا تھا اور وہ ایسا سجدہ تھا جو ہزاروں سجدوں سے آدمی کو نجات دیتا تھا آزادی کی پہلی شرط اسلام نے بھی ذہنی و فکری آزادی کی شکل ہی میں رکھی۔ ایس طرح عقیدہ توحید کا اثبات بذات خود نفی کی منزلوں پر آکر معبود ان باطلہ کا انکار کر کے غلامی کی ساری زنجیروں کو توڑ دیتا ہے اور ذہن و فکر و ضمیر کو آزادی کی گراں بہا دولت عطا کرتا ہے۔

ابوالکلام نے جس ماحول میں آنکھیں کھولی تھیں اس میں اسلام اور اس کی بنیادی عقائد و تصورات اور اس کا پورا نظام رچ بس گیا تھا۔ آزاد ایک عبقری شخصیت کے مالک تھے انھوں نے اپنی عمر کے گیارھویں برس میں آل انڈیا اینگلو محمڈن اورینٹل کانفرنس کے اجلاس میں شرکت کی اور علی گڑھ تحریک سے متاثر ہوئے مگر یہ تاثر انھیں آزادی کی اس منزل تک نہ لا سکا جس کے وہ خواب دیکھ رہے تھے ابوالکلام کے پاس ۱۹۰۴ء تک کہیں تشکیک کہیں تصادم کی کیفیت ملتی ہے وہ ذہن و فکر کے ان تراشیدہ اصنام کو توڑتے نظر آتے ہیں جو ان کے بت کدہ تصورات میں رکھے ہوئے تھے۔ ۱۹۰۵ء میں جب انھیں کے لفظوں میں " آزاد 'کا عرف اختیار کیا تو ان کا مقصد یہ ظاہر کرتا تھا کہ اب وہ روایتی اور موروثی عقائد سے آزاد ہو گئے ہیں یہ وہ دور ہے کہ جب بنگال آتش فشاں کے دہانے پر کھڑا تھا۔ راس بہاری بوس آروبندو گھوش کی تحریروں نے بغاوت کی چنگاریاں پھلجھڑیوں کی طرح بکھیرنی شروع کر دی تھیں۔ آروبندو گھوش کا اخبار " کرم یوگی' انقلاب کی دعوت دے رہا تھا اور غلامی کے خلاف للکار رہا تھا۔ بقول لالہ ہر دیال۔

" غلامی کی زندگی، زندگی کی نفی ہے، آدمی کا ضمیر اپنے آقا کی مرضی کا غلام ہوتا

ہے'۔

ابوالکلام آزاد اسی دور میں شیام سندر چکرورتی کی وساطت سے ان لوگوں تک پہنچے ابتداء میں ابوالکلام آزاد کو شک وشبہ کی نظر سے دیکھا گیا۔ ہندوستان تاریخ میں سیاست کا یہ وہ دور ہے جب کسی بھی سیاسی جماعت کا کوئی تصور مذہب کے بغیر ممکن نہ تھا آج ہی کی طرح اس دور میں بھی بدقسمتی سے مذہب کی صحیح معرفت نہ ہونے کی بناء پر مذہب کے معنی باہمی منافرت کے سمجھے جارہے تھے۔ بنگال میں لارڈ کرزن کی پالیسی کی وجہ سے اور تقسیم بنگال کی تجویز اور تنسیخ کی بناپر ہندو اور مسلمان ایک دوسرے کو شبہ کی نظر سے دیکھ رہے تھے۔ ابوالکلام عنفوان شباب کی سرحدوں میں قدم رکھ رہے تھے عمر کا یہ حصہ بہت رومانی ہوتا ہے دل چاہتا ہے کہ چراغ جیسے یہ لمحے رائیگاں نہ جائیں جو خواب دیکھے ہیں پلک جھپکتے ان کی تعبیر مل جائے زندگی پراسرار اور بند گلی کی طرح ہے اس لئے ہر وہ کام جو پراسرار ہو، اچھا معلوم ہوتا ہے دوسرے نوجوان انقلابیوں کی طرح اس انجمن میں ابوالکلام آزاد کیلئے بڑی کشش رہی ہوگی۔ پراسرار ماحول،، خفیہ میٹنگیں، راز داری، سرگوشیاں ایسے لمحات کی اہمیت کا احساس، پیاسی خود پرستی کی تسکین، کچھ کر گزرنے کی امنگ اس لئے وہ اس تحریک میں شامل ہوگئے یہاں ان کی غیر معمولی صلاحیتیں کام آئیں۔

انھوں نے بہت سے شہروں میں اس کی شاخیں قائم کیں اب ان کی طرف سے شک و شبے اور عدم اعتماد کی نگاہیں بدل گئی تھیں اس میں اعتماد، بھروسہ اور تنظیمی صلاحیتوں کا اعتراف شامل ہو چکا تھا اس سلسلے کی تفصیلات شانتی رنجن بٹھاچاریہ کے جامع مضمون میں دیکھی جاسکتی ہیں لیکن اس زمانے میں ابوالکلام مصر اور عراق کے دورے پر گئے اور ۱۹۰۹ء میں جب واپس آئے تو وہ مولانا آزاد بن چکے تھے۔ مصر میں ہی انھیں

حزب اللہ اور حزب الوطن نام کی دو سیاسی جماعتوں سے ربط پیدا کرنے کا موقع ملا جنہیں محمد عبدہ نے قائم کیا تھا۔

شب و روز کا یہ سیل رواں ابو الکلام کو مولانا آزاد کی منزل تک لے آیا تھا۔ تشکیک کے جالے صاف ہو چکے تھے۔ اسلامی فقہ، حدیث و تفسیر کا مطالعہ انھیں آگہی اور بصیرت کے اس مقام پر لے آیا جہاں اب خیالات جگنو کی طرح نہیں اڑتے تھے بلکہ محکمہ سراج منیر کی طرح روشن اور تابناک تھی اسلامی تاریخ کے مطالعے نے ان پر یہ حقیقت آشکار کر دی تھی کہ آزادی کا مطلب نراج یا انار کی نہیں ہے بلکہ آزادی کسی نظام فکر اور ضبط و نظم کے تحت ہوا کرتی ہے خود انھوں نے ایک جگہ لکھا ہے۔

" نظم سب سے بڑی شرط ہے پہلی اور آخری۔ نظم لوگوں میں پورا پورا ضبط اور اپنے اوپر قابو پانے کا ملکہ پیدا کرتی ہے۔

وہ اسلام کی نظر میں آزادی کا مفہوم متعین کرتے ہوئے لکھتے ہیں۔

" اسلام کسی ایسے اقتدار کو تسلیم نہیں کرتا جو شخصی ہو یا چند تنخواہ دار حاکموں کی بیدار کرسی ہو وہ آزادی اور جمہوریت کا مکمل نظام ہے جو نوع انسانی کو اس کی چھینی ہوئی آزادی واپس دلانے کیلئے آیا تھا یہ آزادی بادشاہوں، اجنبی حکومتوں، خود غرضی پیشواؤں اور سوسائٹی کی طاقتور جماعتوں نے غصب کر رکھی تھی وہ سمجھتے تھے کہ حق طاقت اور قبضہ ہے۔

مولانا آزاد کی یہ تحریر ان کے نظام فکر کا منشور ہے جس سے ان کے تصور آزادی کا مکمل نقشہ سامنے آ جاتا ہے جس کی مدد سے انھوں نے آئندہ جدوجہد آزادی میں اپنے عمل کے چراغ روشن کئے چنانچہ وہ جہد آزادی میں مجاہد کی حیثیت سے نہیں بلکہ داعی کی حیثیت سے سامنے آئے۔ جولائی ۱۹۱۲ء میں الہلال کی اشاعت ایک طرح سے دعوت

عزیمت تھی ان کے پیش نظر عالم اسلام کی ذہنی و فکری آزادی کے تصور سے متصادم نہیں تھا بلکہ اس کے علی الرغم مولانا دونوں تصورات کو ہم آہنگ کرنا چاہتے تھے۔۸ڈسمبر ۱۹۱۲ء کے الہلال میں لکھتے ہیں۔

"قرآن انتظام عالم کیلئے شخصی اقتدار کی مخالفت کرتا ہے مسلمانوں کا فرض ہے کہ وہ آزادی کیلئے جدوجہد کریں۔

وہ دیکھ رہے تھے کہ زعمائے ملت برٹش اقتدار سے وفاداری کا سرٹیفکیٹ حاصل کرنے کی بھاگ دوڑ میں ایک دوسرے سے سبقت لے جانے کی کوشش کر رہے ہیں اور مغربی استعمار کی آستینوں سے مسلمانوں کے لہو کی بوندیں ٹپک رہی ہیں۔ وقار الملک کہہ رہے ہیں کہ برٹش گورنمنٹ کیلئے مسلمانوں کی تیغ بے نیام رہے گی جنگ طرابلس کے موقع پر کوئی دریافت کر رہا ہے کہ مجاہدین طرابلس کیلئے چندہ جمع کرنا جرم تو نہیں ہے صرف ایک شاعر ہے جو طرابلس کے شہیدوں کا لہو حضور رسالت مآب میں لے جاتا ہے اور فاطمہ بنت عبداللہ پر نظم لکھتا ہے اور کہتا ہے کہ مسلمان نہیں راکھ کا ڈھیر ہے چنگاریوں کا بھی وجود نہیں۔ عشق بلا خیز کا قافلہ گم کردہ راہ ہے ایسے میں ابوالکلام آزاد کے شرارے برساتے ہوئے قلم نے لکھا۔"کاش' مجھے وہ صور قیامت مل جاتا جسے لیکر میں پہاڑوں کی بلند چوٹیوں پر چڑھ جاتا ہے اور جس کی صدائے رعد آسائے غفلت شکن سے سر گشتگان خواب ذلت و رسوائی کو بیدار کرتا اور چیخ چیخ کر پکارتا کہ اُٹھو اُٹھو تمہارا خدا تمہیں بیدار کرنا چاہتا ہے۔

یہ ۱۹۱۲ء کی اس آواز کا اثر تھا کہ بہرے سننے لگے، گونگے بولنے لگے اپاہج دوڑنے لگے ملک کی عام فضاء میں بھی کچھ زندگی کے آثار نمودار ہوئے لیکن غیر ملکی اصلاحات کے نتیجوں اور ڈسمبر ۱۹۱۲ء میں جنگ کی وجہ سے ہندوستان سہما سہما سا تھا۔ سیاسی ارفق پر

گاندھی جی تھے نہ محمد علی جناح، اور نہ پنڈت نہرو، دار ورسن کی آزمائشیں بھی بہت دور تھیں۔

مولانا آزاد وسیع تر تناظر میں عالمی سیاست کی مہرے بازی دیکھ چکے تھے تاریخ سے انھوں نے امام مالک، امام احمد بن حنبل اور شیخ الاسلام ابن تیمیہ کے اثرات قبول کئے تھے اور اس بناء پر مسلمانوں میں فکری و ذہنی آزادی پیدا کرنا چاہتے تھے اس وقت ان کا تصور آزادی ساری دنیائے اسلام کے لئے تھا۔ ۲۷/اکتوبر ۱۹۱۲ء کے خطبے میں لکھا۔

"پس اے عزیزان ملت! اگر یہ سچ ہے کہ دنیا کے کسی گوشے میں پیروان اسلام کے سروں پر تلوار چمک رہی ہو تو تعجب ہے اگر اس کا زخم ہم اپنے دلوں میں نہ دیکھیں اگر اس آسمان کے نیچے کہیں بھی ایک مسلم کی نعش تڑپ رہی ہو تو لعنت ہے ان سات کروڑ زندگیوں پر جن کے دل میں اس کی تڑپ نہ ہو'۔

وہ مراکش، ایران، بلقان اور ترکوں کا تذکرہ کرتے ہوئے لکھتے ہیں 'اگر ان میں سے کسی کے تلوے میں کانٹا چبھ جائے تو قسم ہے خدائے اسلام کی کہ کوئی ہندوستان کا مسلمان، مسلمان نہیں ہو سکتا جب تک کہ اس کی چبھن اپنے دل میں محسوس نہ کرے'۔

مولانا نہایت جرات کے ساتھ تند و تیز لہجے میں غضب کرنے والے خونی ہاتھوں کی بھی نشاندہی کرتے ہیں اسی خطبے میں ارشاد ہوتا ہے۔ لیکن اے اقوام یورپ اے دزدان قافلہ، انسانیت، اے مجموعہ وحوش و کلاب، کب تک خدائی سر زمین اپنے حیوانی غرور سے ناپاک کرتے رہو گے کب تک انصاف ظلم سے اور روشنی تاریکی سے مرعوب رہے گی۔

نوے برس قبل کی یہ عبارت کتنی سچی ہے مولانا آزاد نکتے سے آگاہ تھے کہ حصول آزادی کے لئے نوک شمشیر، حلقہ زنجیر اور زبان تدبیر سے کام لیا جاتا ہے چنانچہ اسی خطبے میں نوک شمشیر کی طرف بھی متوجہ کرتے ہیں۔

ہو سکتا ہے کہ نوک شمشیر والی سیاست حزب اللہ کے قیام کے پس منظر میں رہی ہو مگر حقیقت یہ ہے کہ اسلامی تاریخ میں مولانا کے ہیرو حلقہ زنجیر کے ہی افراد رہے جنہوں نے طوق وسلاسل کی جھنکار میں نغمہ سرمدی سنا، نوک شمشیر والے افراد نہیں۔

شہیدان راہ خدا کو مولانا نے صرف ایک جگہ تذکرے میں خراج عقیدت پیش کیا ہے بہر حال حزب اللہ کے قیام کے پس منظر میں مصر کے انقلابی اور تنظیمی بنیاد پر بنگال کے رفقاء رہے ہوں گے اور مولانا کے ذہن میں یہ انجمن نجم الثاقب کی طرح روشنی کی لکیر کھینچ رہی ہو گی۔ اپریل ۱۹۱۳ء میں لکھنو کے بیر حسین قدوائی کی انجمن خدام کعبہ کے قیام پر تبصرہ کرتے ہوئے اپنے پرچے میں انھوں نے حزب اللہ کے قیام کی تجویز رکھی جس کا کتبہ تھا۔

"ہے کوئی جو میری اللہ کیلئے نصرت کرے'

اس کیلئے انھوں نے مجاہدین حق اور جاں نثار ان ملت کی اصطلاح وضع کی۔ ۲۸ مئی ۱۹۱۳ء کو انھوں نے اطلاع دی کہ آٹھ سو نام ان کے پاس آچکے ہیں۔ الہلال کے شمارے میں یہ اطلاع بھی ہے کہ عورتیں بھی اس کی ممبر ہو سکتی ہیں بعد کے شماروں میں انھوں نے حزب اللہ کے قیام کے سلسلے میں دوسروں کے تمام منصوبوں کی نفی کی ہے اور اپنے منصوبے پر اصرار کیا ہے اور اعلان کیا کہ جولائی ۱۹۱۴ء دستور پیش کیا جائے گا۔ چنانچہ قرآن حکیم کے بتائے ہوئے آٹھ اصول پیش کئے کہ لوگ ان پر عمل کریں اور سچے مسلمان بن جائیں انھوں نے تین درجات مقرر کئے۔ مبلغین کیلئے بغیر کسی مالی اعانت کے دورے کا تصور پیش کیا۔ جولائی ہی میں دارالافتاء کا سنگ بنیاد رکھا گیا۔ ۷ ستمبر ۱۹۱۳ء میں الہلال کی ضمانت طلب کی گئی اور نومبر ۱۹۱۴ء میں ضمانت ضبط ہو گئی لیکن مولانا نے اکتوبر ۱۹۱۵ء میں لکچر ہال کی تعمیر شروع کر دی اور نومبر ۱۹۱۵ء میں

البلاغ کا اجرا کیا۔ ایسا محسوس ہوتا ہے کہ وہ حزب اللہ پر توجہات مرکوز کرنا چاہتے تھے۔ بار بار سلیمان ندوی کو لکھتے ہیں کہ وہ البلاغ کا کام سنبھال لیں تا کہ وہ اپنا زیادہ وقت حزب اللہ کو دے سکیں لیکن یہ ممکن نہیں ہو سکا اور مولانا ۲۳/ مارچ ۱۹۱۶ء کو جلاوطن کر دیئے گئے جولائی ۱۹۱۶ء میں نظر بند ہوئے۔ حزب اللہ کا قیام اس زمانے میں بھی ان کا محور فکر رہا۔ ان کا خیال تھا کہ اللہ اپنے منتخب بندوں کو دعوت عزیمت کیلئے مامور کرتا ہے وہ امامت کی بیعت کیلئے داعی کا تقرر بھی کر چکے تھے لیکن اس تنظیم کے خدوخال واضح نہ ہو سکے اور تاریخ بھی اس سلسلے میں خاموش ہے راقم الحروف کا خیال ہے کہ یہ تنظیم دو شاخیں رکھتی ہوگی۔ ظاہری طور پر اس کا مطلب مسلمانوں میں ذہنی و فکری آزادی کے شعور کی بیداری ہے لیکن درپردہ یہ مسلح انقلاب کیلئے راہ ہموار کرتی ہے تذکرہ میں جو ۱۶ برس کے بعد لکھا گیا ایسا کچھ سراغ ملتا ہے۔ مثلاً ۲۷ پر لکھتے ہیں۔

"عظمت وہ ہے جو خود ہماری تلوار کو ہماری نسبت سے ملی ہو'

ایک اور جگہ لکھتے ہیں۔

"اہل اللہ اور ارباب حق پر انھوں نے اپنے غرور دنیا اور نشہ حکومت و ریاست میں بڑے شدید مظالم کئے'

اپنے دورے پر تبصرہ کرتے ہوئے لکھتے ہیں۔

" آج جو حالت ہو رہی ہے اس کو دیکھئے تو ہوش گم اور عقل درماندہ رہ جاتی ہے امامت کا ایک فاش سے فاش گروہ بھی شاید کبھی سچائی کی خاطر کچھ نقصان جان و مال اٹھا لے لیکن مدعیان علم و تشخیت اور زہر فروشان طریقت سے اتنی بھی امید نہیں علمائے امت نے امر بالمعروف کے فرض کو فرائض شریعت سے خارج کر دیا'۔

متذکرہ سطور کی زیریں میں نغمہ شمشیر کی ہلکی سی گونج محسوس کی جاسکتی ہے بہر حال

یہ ذاتی قیاس ہے حزب اللہ کا شعور اور مولانا کا دعویٰ امامت اور تنظیم اس کا ڈھانچہ مولانا کیلئے ۱۹۲۰ء میں آیت منسوخ بن چکے تھے۔ گاندھی جی سے ۱۹۲۰ء میں ملاقات اور ۱۹۲۱ء میں کانگریس میں شمولیت انھیں حلقہ زنجیر کی سیاست میں لے آئی تھی۔ شاید وہ اس نتیجے پر پہنچ چکے تھے کہ اعلیٰ ترین مقصد کیلئے بھی ذریعہ پر غور کر لینا چاہئے اس لئے کہ جو راستہ آج اختیار کیا جائے گا آنے والے کل میں غلط ہاتھوں میں پڑ کر مسلح انقلاب کے بجائے دہشت پسندی میں بدل سکتا ہے یہ وہ موڑ تھا جہاں مولانا آزاد نے چاہ زمزم میں گنگا کا پانی ملا دیا اور جمنا کی موجوں کو دجلہ سے ہمکنار کر دیا۔ قبائے زعفرانی پر کلاہ سبز نے ایک نیا جوش اور نئی امنگ پیدا کر دی۔ خلافت اور کانگریس کے جلسے ساتھ ساتھ ہونے لگے۔ سوامی شردھانند جامع مسجد میں تقریر کرتے تھے اور گاندھی جی تو ساتھ ساتھ تھے ہی۔ مولانا اب سات کروڑ کے دلوں کی چبھن کو تیس کروڑ دلوں کی چبھن سے ہم آہنگ کر رہے تھے۔ یہ وہ لمحات تھے جب مذہب میں ریاکاری نہ تھی سیاست پر فریب نہ تھی مولانا نے مذہب کو سیاست سے کبھی الگ نہیں کیا اور آج جب حالات کے جبر کے سبب مذہب کو سیاست سے الگ کرنے کا نعرہ لگایا جا رہا ہے تو اس کا سبب یہی ہے کہ نیم مذہبی افراد سیاست و اقتدار کی گیند کھیل رہے ہیں۔ ۱۹۲۱ء سے مولانا آزاد نے جہد آزادی کو جو نئی سمت دی تھی اس نے سیکولرازم کے تصورات کی بھی وضاحت کر دی یعنی باہمی احترام اور اپنا تشخص و شناخت برقرار رکھتے ہوئے مشترکہ مقاصد کیلئے جدوجہد۔ اس موقع پر مولانا کے تصور آزادی کی تفہیم کیلئے کچھ اقتباسات پیش کرنا بے جا نہ ہوگا۔

"تحریک خلافت کی کامیابی میں ایک خوبی یہ ہے کہ اس نے ایک ایسے طاقت در ہنگامے کے ساتھ کل ہندوستان کے مسئلہ کو زندہ کر دیا جو چالیس سال کی کوشش کو نہ ملا تھا"۔

"ہندوستان کی آزادی کیلئے صداقت وحق پرستی کے بہترین واعلیٰ فرض ادا کرنے کیلئے ہندوستان کے ہندو مسلمان کا اتفاق اور ان کی یکجہتی ضروری ہے۔

ہندوستان میں ہندوستان کے مسلمان اپنے بہترین فرائض انجام نہیں دے سکتے جب تک وہ احکام اسلامیہ کے تحت ہندوستان کے ہندوؤں سے پوری سچائی کے ساتھ اتحاد واتفاق نہ کرلیں'

"اگر مسلمانوں نے صحبت کا ہاتھ یکجہتی کا ہاتھ، رفاقت کا ہاتھ اپنے ہمسایوں کی طرف بڑھایا تو ان کا یہ عمل کوئی پولٹیکل چال نہیں ہے'۔

۱۹۲۳ء کے خطبہ صداقت میں ارشاد ہوا۔

" آج ایک فرشتہ آسمان کی بلندیوں سے اتر آئے اور قطب مینار پر کھڑا ہو کر یہ اعلان کردے کہ سورج ۲۴ گھنٹے کے اندر مل سکتا ہے بشرطیکہ ہندوستان ہندو مسلم اتحاد سے دستبردار ہو جائے تو میں سوراج سے دست بردار ہو جاؤں گا مگر اس سے دستبردار نہ ہوؤں گا کیونکہ اگر سوراج ملنے میں تاخیر ہوئی تو یہ ہندوستان کا نقصان ہو گا لیکن اگر ہمارا اتحاد جاتا رہا تو یہ عالم انسانیت کا نقصان ہو گا'۔

یہ اور اس طرح کے بہت سے اقتباس اس گوشے کی طرف متوجہ کرتے ہیں جہاں مولانا کے سامنے ایک واضح نصب العین، مثبت تصور آزادی ہے ہندوستان کی آزادی کیلئے وہ ہندوستانی سماج میں خالص یکجہتی کی فضاء تعمیر کرنا چاہتے ہیں ایمان داری اور خلوص کے ساتھ سیاست کی ساحری اور شعبدہ بازی کے ساتھ نہیں۔

ان کے پاس آزادی کا محدود تصور نہیں ہے وہ صرف ہندوستان کی آزادی نہیں چاہتے ان کے تصورات ہی ان کی فکری اساس ہیں اور یہ اساس ہے ظلم اور استحصال کے خلاف جہاد چنانچہ ظلم اگر فلسطین میں ہے مراکش میں ہے، جزیرۃ العرب میں ہے، ترکی

میں ہے تو ان کی آواز قصر ظلم پر جبلی بن کر کڑکتی ہے یہ زمانہ حلقہ زنجیر کو بوسہ دینے اور طوق و سلاسل کے زخموں کے گلستان سجانے کا ہے اس لئے مولانا کی آواز میں ذوق اسیری اور شوق زنداں ہر قدم پر نظر آتا ہے۔ ۲۶ اکتوبر ۱۹۲۱ء کے خطبہ میں وہ درد زنداں کو اس طرح آواز دیتے ہیں۔

" گورنمنٹ اگر گرفتار ہی کرنا چاہتی تھی تو گرفتاری کیلئے کسی جرم کی ضرورت نہ تھی دنیا کی ہر قوم و ملک کی تاریخ میں ایک زمانہ آتا ہے جب ملک کا ہر باشندہ ظلم، گھمنڈ اور مادی طاقت کی نظروں میں مجرم بن جاتا ہے اس لئے کہ وہ آزادی چاہتا ہے اور ظلم کا مقابلہ کرنا چاہتا ہے قوم کی تاریخ میں یہ فیصلہ کن گھڑی ہوتی ہے۔

مولانا زنجیر کی جھنکار اور نغمہ طوق و سلاسل سے اس طرح محبت کرتے ہیں کہ بار بار نہ صرف اپنے کو بلکہ پوری قوم کو دعوت زنداں دیتے ہیں یہاں ان کی آواز میں وہ کیفیت معلوم ہوتی ہے جو زنجیر اور شمشیر کو ایک حلقے میں دیکھنا چاہتی ہے۔ ذیل کا اقتباس طویل ہے لیکن پورے تصور کی وضاحت کیلئے ناگزیر ہے۔

" ۱۹۱۶ء میں جب گورنمنٹ نے مجھے نظر بند کیا اور گورنمنٹ آف انڈیا نے اعلان کیا کہ یہ شخص ملک کے دشمنوں سے ساز باز رکھتا ہے تو میں نے ایک چھٹی لکھی تھی اور نہایت تفصیل سے اسلام کے احکام درج کر دیئے تھے جن کی رو سے کسی مسلمان کیلئے جائز نہیں ہے کہ ایک لمحہ کیلئے بھی برٹش حکومت کی نوکری کرے گورنمنٹ اگر گرفتار کرنے کیلئے تیار ہے تو اور مجرموں کو چھوڑ، ایک مجرم تمہارے سامنے کھڑا ہے اگر اس عقیدے کی دعوت مجرم ہے تو میں نے محض اعلان نہیں کیا محض دور سے دعوت نہیں دی بلکہ میں نے سپاہیوں سے کہا ہے کہ بارش کو بندوں کی طرح خدا کی لعنت تم پر برس رہی ہے اگر لعنت سے بچنا چاہتے ہو تو انگریزی راج کی غلامی چھوڑ دو۔ ہاں ہاں میں نے

سپاہیوں سے ہندوستان کی برٹش فوج سے یہ کہا ہے اور جب تک میرے حلق میں آواز پھنستی نہیں یہی کہتا رہوں گا آج بھی اعلان کرتا ہوں اور جب تک میری زندگی باقی ہے ہر صبح کو ہر شام کو میرا پہلا فرض یہی ہو گا کہ سپاہیوں کو ورغلاؤں اور ان سے کہوں کہ وہ گورنمنٹ کی نوکری چھوڑ دیں ایک عظیم الشان برٹش گورنمنٹ جس کی حکومت میں کبھی سورج نہیں ڈوبتا، تیار ہے کہ گرفتار کرے اگر یہ جرم ہے تو اس جرم کا ارتکاب تمام ملک کر رہا ہے میں نے سپاہیوں سے بھی کہا ہے کہ تم سپاہیوں کے پاس چھاؤنیوں میں جاؤ اور سپاہیوں کو یہ پیغام سناؤ پھر برٹش گورنمنٹ اگر اپنی طاقت کا گھمنڈ رکھتی ہے تو کیوں نہیں قدم آگے بڑھاتی؟ کیا گورنمنٹ کی مشنری پر فالج گر گیا ہے'۔

۱۹۴۰ء تک مولانا آزاد حلقہ زنجیر کی آنکھوں سے دیکھتے رہے اس جھنکار میں نغمگی محسوس کرتے رہے۔

لیکن ایسا نہیں ہے کہ اس عرصے میں انھوں نے زبان تدبیر سے کام نہ لیا ہو۔ ۱۹۲۳ء کے خطبہ صدارت میں انھوں نے واضح طور پر کونسلوں میں داخلے کو بھی آزادی کا ایک محاذ قرار دیا۔ وہ مذاکرات کی سیاست کے بھی قائل تھے ان کے پیش نظر ایک مقصد تھا اور اسی مقصد کے حصول کیلئے افہام و تفہیم کی راہ نکالی جاسکتی تھی چنانچہ ان کے دور صدارت میں کرپس مشن، شملہ کان فرنس اور آخر میں کیبنٹ مشن سے مذاکرات ہندوستان کی آزادی کی وہ منزلیں تھیں جن پر مولانا قافلہ آزادی کو آگے بڑھانا چاہتے تھے ان مذاکرات میں بھی ان کا جو نقطہ نظر ابتداء سے تھا اس میں کوئی تبدیلی نہیں آئی کوئی تناقص نہیں وہ آزادی کے صرف ایک رخ کی جدوجہد ۱۹۱۲ء سے کر رہے تھے اور وہ رخ تھا مسلمانوں کے تشخص کے ساتھ ان کی آزاد ہندوستان میں حیثیت اور کردار، چنانچہ کیبنٹ مشن پلان کی توصیف اور اس کی منظوری کا ایک سبب یہ بھی تھا کہ ہندوستان

کے سیاسی ڈھانچہ میں جو وفاق بن رہا تھا اس میں یہ شناخت بر قرار رہتی تھی۔ لیکن ایک دن مولانا کا سیاسی خواب چکنا چور ہو گیا اور انھیں اکتوبر ۱۹۴۷ء میں یہ کہنا پڑا۔

" یہ پوچھو تو میں ایک جمود ہوں یا ایک دور افتادہ صدا' لیکن اس دور میں بھی انھوں نے مسلمانوں کو اپنا وہی مشورہ دیا جو ۱۹۱۲ء میں دے چکے تھے یعنی قرآن حکیم کی روشنی میں اپنا تشخص بر قرار رکھتے ہوئے اتحاد و اتفاق کے ساتھ ملک کی سیاست میں مثبت کردار ادا کریں۔ ۱۹۲۵ء تک وہ عالم اسلام میں ہر ملک کے مسلمانوں کو آزادی کیلئے جہاد باللسان کی تبلیغ کرتے رہے لیکن جب ترکی میں تجدد نے مذہبی اقدار پر ضرب لگائی اور ایران میں شخص اقتدار کا دور دورہ ہوا تو پھر مولانا نے اپنی ساری توجہات ہندی مسلمانوں کی طرف مرکوز رکھیں۔

انھوں نے اسلامی اقدار کی سچی تعبیر پیش کرتے ہوئے ذہن و فکر کی آزادی کے ساتھ زندگی میں ظلم و استبداد سے لڑنے کا سبق سکھایا یہ کہنا درست نہیں ہے کہ مولانا مذہب کو سیاست سے الگ رکھنا چاہتے تھے۔ دراصل سیکولرازم کی جو تعبیر پیش کی جاتی ہے وہ تعبیر ہی غلط ہے سیکولرازم مذہب سے ناوابستگی کا نام نہیں بلکہ مذہب کے بقائے باہم اور احترام کا نام ہے سیاست مذہب سے الگ ہو جاتی ہے تو صرف چنگیزی رہ جاتی ہے اس میں فریب کاری اور ہوس اقتدار کے زہریلے دانت عوامی مفادات میں گاڑنے لگتے ہیں اور اس سیاست کی کرشمہ سازی دیکھی جا سکتی ہے لیکن مشکل یہ ہے کہ اس کا دوسرا رخ پہلے سے کہیں زیادہ خطرناک ہے اور وہ ہے سیاست کیلئے مذہب کا استحصال اور مذہب کے تقدس کو سڑکوں پر رسوا کرنے کی ناپاک کوشش، مولانا ابوالکلام آزاد نے سیاست کو مذہب سے اس طرح ہم آہنگ کیا کہ جن اقدار پر ان کا ایمان تھا ان کی پاسداری بھی کی اور دوسری اقدار حیات سے متصادم بھی نہ ہوئے بلکہ مشترکہ مقاصد کی بنیاد پر قدم

بڑھایا۔ تاریخ میں شاید ایسی گنی چنی شخصیتیں مل سکیں گی جنھوں نے مذہب اور سیاست کو ہم آہنگ کیا وہ لوگ جو مذہب کے معنی تعصب، دوسروں سے نفرت اور فساد سمجھتے ہیں اور جنھیں "لا تفسد وا فی الارض" کے معنی یاد نہیں رہتے وہ مولانا ابوالکلام آزاد کی تلوار کی دھار پر چلنے والی مذہبی سیاست کو نہیں سمجھ سکتے انھوں نے اپنے اصول اور نظریے کے جو چراغ روشن کئے تھے وہ آج بھی مشعل راہ ہیں تاریخ لکھی جاتی رہے گی مگر مولانا نے خون جگر سے جو تاریخ لکھی ہے اس کی سرخی اس کی تابناکی ہندوستان کے ماضی کا سنہری ورثہ، حال کی امانت اور مستقبل کی روشنی بھی ہے۔

(۹) صدائے زنجیر سے صریر تک

یہ ۱۹۴۴ء کی بات ہے۔ منظور نے بیت بازی میں ایک نظم سنائی تھی جو کچھ اس طرح تھی۔

وہ ہولیاں ہی اور تھیں
وہ بولیاں ہی اور تھیں
وہ ٹولیاں ہی اور تھیں
لیکن مرے پیر مغاں
کل تو نیا انداز تھا
اک دور کا تھا خاتمہ
اک دور کا آغاز تھا

بعد میں انھوں نے بتایا کہ اس نظم کا نام "ہولی' ہے یہ نظم بہت طویل تھی منظور صاحب کو مگر پوری نظم یاد تھی اور انھیں بہت پسند تھی انھوں نے علی جواد زیدی کے حوالے سے ترقی پسند تحریک کے بارے میں ہم لوگوں کو بہت کچھ بتایااور اسی میں یہ بھی بتایا کہ علی سردار جعفری، مجاز وغیرہ کے ساتھ ان کا نام آتا تھا مگر اب وہ جیل میں ہیں۔ منظور صاحب بہت سخت قسم کے نیشنلسٹ تھے اور اس وقت ان کے ہیرو شاعر شمیم کرہانی اور علی جواد زیدی تھے۔

میں علی جواد زیدی کے بارے میں مزید معلومات حاصل نہ کر سکا نہ ہی ان کے کلام

سے متعارف ہوا۔ البتہ یہ ضرور معلوم ہوا کہ کچھ شعراء اور افسانہ نگار اپنے سخت قسم کے نیشنلسٹ خیالات کی وجہ سے ترقی پسند تحریک سے تو وابستہ ہیں لیکن انجمن ترقی پسند مصنفین سے وابستہ نہیں رہ گئے۔

ایک طویل عرصہ گزر گیا، پانچویں دہائی میں یہ علم ہوا کہ وہ اب حکومت کے اعلیٰ عہدہ پر فائز ہیں اور انھوں نے ہی محکمہ اطلاعات میں نیادور کو نئی زندگی عطا کی یہ انھیں کی لگائی ہوئی شاخ تاک ہے جس کا ثمر آج تک اردو زبان وادب کو سرشار کر رہا ہے لیکن اسی کے ساتھ وہ مرکزی حکومت میں بھی اپنی خدمات سے نئی راہیں روشن کرتے رہے۔

وہ محمد آباد گہنہ کے رہنے والے تھے۔ پھر اسی زمانے میں جب میں ایم اے کا طالب علم تھا تو ان کی کتاب دو ادبی اسکول کا تذکرہ اعجاز صاحب نے کچھ اس طرح کیا جیسے اگر اس کتاب کو نہیں پڑھا گیا تو لکھنؤ اسکول و دہلی اسکول کے بارے میں جو کچھ بھی جانتے ہیں یا جو رائے بنا رکھی ہے وہ سب غلط ہو جائیگی۔ انھوں نے اسے ایک گراں قدر تحقیقی کارنامہ قرار دیا تھا۔

میں نے ڈرتے ڈرتے عرض کیا کہ علی جواد زیدی تو شاعر ہیں۔

ارشاد ہوا۔ "شاعر ہی تو شعری دبستان کا تعین کر سکتا ہے۔ خیر نور الحسن ہاشمی صاحب موزوں طبع ہیں مگر ابواللیث صدیقی کو شاعری سے کیا نسبت'

میں نے یہ دونوں کتابیں یعنی دلی کا دبستان شاعری اور لکھنو کا دبستان شاعری اس وقت تک نہیں پڑھی تھیں لیکن یہ ضرور پڑھا تھا کہ ایک لکھنو اسکول ہے اور ایک دلی اسکول اور دونوں کے درمیان ایک خط فاصل ہے جو ایک دوسرے کو الگ رکھتا ہے لیکن دو ادبی اسکول پڑھنے کے بعد نہ صرف اپنی کم علمی کا احساس ہوا بلکہ کج فہمی یا کم فہمی کا بھی احساس ہوا۔

میری زیدی صاحب سے ملاقات دہلی میں ہوئی تھی جہاں وہ حکومت ہند کے ایک ذمہ دار افسر کی حیثیت سے صحافیوں کی میزبانی کا فریضہ محترمہ اندرا گاندھی وزیر اعظم ہند کی جانب سے انجام دے رہے تھے بہت قریب سے ان کی شخصیت کے مطالعے کا موقع ملا اس لئے کہ ان کے جو مہمان تھے وہ صحافی تھے اور ان کی اکثریت حکومت ہند کے طرز فکر سے ہم آہنگ نہ تھی لیکن زیدی صاحب انتہائی خوش اخلاقی کے ساتھ مل بھی رہے تھے اور اگر کوئی حکومت پر اعتراض کرتا تھا تو وہ بڑی خندہ پیشانی سے اس کا یہی جواب دیتے تھے۔

"یہ جمہوری ملک ہے یہاں ہر شخص کو اپنے ڈھنگ سے سوچنے کا حق حاصل ہے ہم اسی جمہوریت کیلئے لڑ رہے ہیں'

یہ کہہ کر وہ آگے بڑھ جاتے تھے میں نے بھی اسی ہجوم میں اپنا تعارف کرایا خوش ہوئے دریافت کیا کہ کہاں قیام ہے؟ اور پھر وہ افسران کے نرغے میں گھر گئے۔

پھر ایک طویل عرصہ گزرا اور ان سے ملاقات نہ ہو سکی مگر ان کی ایک کتاب "قومی شاعری کے ۱۰۰ سو سال' نظر سے گزری، میں پی ایچ ڈی کیلئے اپنا مقالہ لکھ رہا تھا (اردو شاعری میں قومی یکجہتی کے عناصر) کتاب احتشام صاحب سے ملی جو میرے موضوع کیلئے بہت مفید تھی اور اس وقت یہ اندازہ ہوا کہ انتخاب کا عمل کتنا پیچیدہ اور کتنا مشکل ہوتا ہے مگر علی جواد زیدی نے اس انتخاب سے نہ صرف اردو کے کردار کا تعین کیا تھا بلکہ ہماری جہد آزادی کی منظوم تاریخ بھی مرتب کر دی تھی۔ ابتداء میں نہایت عالمانہ مقدمہ بھی تھا جس سے جہد آزادی کا پورا پس منظر سمجھ میں آ جاتا تھا اور جہد آزادی کی منظوم تاریخ بھی سامنے آ جاتی تھی یہ کتاب علمی تحقیق کا اعلیٰ نمونہ پیش کرکے ان طالب علموں کی راہیں بھی روشن کرتی تھی جو بین کلیاتی موضوعات پر تحقیقی کام کرتے ہیں۔

پھر میری ملاقات ان سے حیدرآباد میں ہوئی۔ اردو ہال میں ان کے اعزاز میں ایک جلسہ تھا وہاں انھوں نے اردو کے سلسلے میں ایک بہت ہی مدلل، مبسوط اور عالمانہ تقریر کی تھی اور پہلی بار یہ اندازہ ہوا کہ وہ جوش اور ولولہ جو عالمانہ تقریر سے پیدا ہوتا ہے وہی دیرپا ہوتا ہے اس کے بعد العلمہ کی ادارت اور اسی کے ساتھ ساتھ ان کی گراں قدر تالیفات انیس کے سلام، قصیدہ نگاران اترپردیش، مرثیہ نگاران اترپردیش وغیرہ پڑھنے کی سعادت حاصل ہوئی۔

نویں دہائی میں جب میں اکثر و بیشتر لکھنو جانے لگا تو ان سے نیاز مندانہ ملاقات کا شرف بھی برابر حاصل کرتا رہا وہ اس وقت عمر کی اسی منزلیں طے کرچکے تھے لیکن ان کے لہجے میں جوانوں کی سی کھنک تھی اور "یادوں کی رہ گزر' میں وہ انداز تحریر نظر آتا تھا جس کی شگفتگی ایام شباب کی یاد دلاتی ہے ان سے جب بھی ملنے گیا نہایت لاجواب دہی بڑے اور واقعی "سموسے '(عام طور سے ایک تکونی سے ہوتی ہے جس میں مسالہ اور آلو کے چھوٹے چھوٹے ٹکڑے ہوتے ہیں لیکن سموسہ اس سے بڑا ہوتا ہے اور اس میں قیمہ بھرا ہوتا ہے اور جو مسالہ ہوتا ہے اس کا چٹخارہ بہت ہی چٹ پٹا ہوتا ہے) کھانے کو ملے۔ اس طرح ان کی شخصیت کی کئی جہتیں سامنے آئیں شاعر، ادبی محقق منتظم یا ایڈمنسٹریٹر، مقرر اور وضع دار، خوش اخلاق مہمان نواز انسان لیکن حق یہ ہے کہ ادبی تحقیق و تنقید میں ان کے فیوض و اکتسابات اتنے اہم ہیں کہ ان کی شخصیت کے دوسرے رخ مثلاً شاعری پس منظر میں چلے گئے انھیں دوسرے شعراء کا کلام بھی یاد تھا۔ مہدی حسن ناصری مرحوم کے بہت مداح تھے ناصری مرحوم کا یہ شعر بے حد پسند تھا۔

قبلہ رو ہو کے کئے پائے صنم پر سجدے
ہوش کی بات کئے جاتا ہوں اور ہوش نہیں

تحقیق میں ان کا محبوب موضوع مرثیہ اور قصیدہ تھا اردو کی یہ دو عالمانہ اصناف ایسی ہیں جن کا جواب کسی زبان کے ادب میں نہیں ہے علی جواد زیدی نے ان دونوں کی وسعت، جامعیت، تہذیبی و ادبی اقدار سے متعارف کرایا۔ انیس کے سلسلے میں بلاخوف تردید یہ کہا جا سکتا ہے کہ انھوں نے ہر رخ سے انیس کی شاعری کا تجزیہ پیش کیا۔ انیس کے شعری نظریات پر زیدی صاحب کا مضمون عزیز محترم ابوالکلام قاسمی کے لاجواب مضمون سے پہلے شائع ہو چکا تھا۔

ان کی ادبی شخصیت کا ایک رخ ان کے وہ خاکے ہیں جو "یادوں کی رہ گزر' میں افراد و شخصیات کے تذکرہ میں ملیں گے یا پھر مختلف لوگوں پر ان کے لکھے ہوئے چھوٹے چھوٹے مضمون نما اقتباسات میں ان کا ایک مضمون پروفیسر گوپی چند نارنگ پر بھی ہے جو اس اعتبار سے بہت اہم ہے کہ نارنگ پر قلم اٹھانے کیلئے صرف مشرقی لسانیات اور مشرقی تنقید سے باخبری ضروری نہیں ہے بلکہ رولاں بارتھ، لاکاں، دریدہ جارج آرویل جیسے خوفناک اور ہولناک سامع شکن قسم کے نام رکھنے والوں کے افکار و نظریات سے آگہی بھی ضروری ہے مگر زیدی صاحب نے جہاں " اجریاؤں' کی ایک عام شخصیت کو اپنا موضوع بنایا وہیں انھوں نے پروفیسر گوپی چند نارنگ کی شخصیت کے علمی پہلو اور ان کی مقناطیسیت اور پرکشش شخصیت کے اور گوشوں کی بھی نشان دہی کی ہے۔

ان کے بارے میں جب بھی سوچتا ہوں تو قلم اٹھاتے ہوئے اس کا احساس ہوتا ہے کہ ایسی عظیم شخصیت جس نے زنجیر کی جھنکار سے قید خانوں میں نغمہ پیدا کیا جو مجاہد آزادی بھی تھے۔ پدم شری کے خطاب سے حکومت نے اعتراف خدمات بھی کیا جو شاعر تھے نقاد تھے، محقق تھے، صحافی تھے، منظم تھے اور ان تمام اوصاف کے ساتھ نہایت درجہ خوش اخلاق اور متوازن شخصیت کے مالک تھے وہ شاید روایتی، مذہبی شخصیت نہ کہے جائیں

لیکن اس میں کوئی شک نہیں کہ وہ تمام مذہبی ارکان کی پابندی کرتے تھے مگر اسی کے ساتھ تعصب کا کہیں دور دور تک پتہ نہ تھا۔ وہ ہندوستانی روایات کے سچے امین کی طرح احترام مذاہب کا خیال رکھتے تھے اور اس کا سب سے بڑا ثبوت رام کتھا کے سلسلے میں ان کی تحقیقی لگن تھی جو زندگی کے آخری دور میں سامنے آئی لیکن اپنے نظریات کے پابند تھے لوگو شاعری اور دانشوری کے ساتھ لااُبالی پن اور بے راہ روی کو ضروری خیال کرتے ہیں، زیدی صاحب کی زندگی میں کسی طرح کی بے راہ روی، کج روی یالاآبالی پن کو دخل نہ تھا۔ نہ انھیں دختر رز سے کبھی کوئی تعلق رہااور نہ رقص و سرود کی محفلیں کبھی انھیں یاد آئیں ایک منظم، مرتب اور پابند طور سے انھوں نے ایک شان دار زندگی گزاری بے اختیار ایک شعر یاد آرہاہے۔

اس ایک شخص میں تھیں دلربائیاں کیا کیا
ہزار لوگ ملیں گے مگر کہاں وہ شخص

(۱۰) ادب اور صحافت اور نیا دور کا منظر نامہ

ادب زندگی کا آئینہ نہیں ہوتا زندگی کو آئینہ دکھاتا ہے اس لئے کہ آئینہ میں جو عکس ہوتا ہے وہ زندگی کی وسعت کا احاطہ نہیں کر سکتا اس عکس میں حرکت بھی نہیں ہوتی ہے لیکن آئینہ دکھانے میں تخلیقی فعالیت، متحرک تصور اور وسعت بھی شامل ہوتی ہے۔ جو بھی ادبی تخلیق ہو گی اس میں مندرجہ ذیل عناصر لازمی طور پر ہوں گے یہ عناصر ہیں۔ ا۔ تخیل۔ ۲۔ الفاظ ۳۰۔ مشاہدات و تجربات، ۴۔ جذبات و احساسات اور انھیں عناصر کی بنیاد پر ادب کا تقابلی مطالعہ ممکن ہے۔

ادب حسن کی تخلیق ہی نہیں کرتا بلکہ حسین کو حسین تر بناتا ہے ادب کے پاس" نظر' بھی ہے اور " خبر' بھی ہے وہ ظرف بھی رکھتا ہے جسے انگریزی میں Intensive کہتے ہیں جو روسعت بھی رکھتا ہے جیسے Extensive کہتے ہیں۔ جتنا عظیم ادیب ہو گا اتنی ہی اس کے خیالات میں وسعت ہو گی وہ اس کا خیال رکھے گا کہ اس وسعت کو منتشر نہ ہونے دے بلکہ اس کی زمرہ بندی کرے چنانچہ ادب کبھی شعر میں اور کبھی نثر میں جلوہ گر ہوتا ہے تخلیق کار جس انداز سے اپنے آئینہ کو دکھاتا ہے اسی انداز سے ادب کو مختلف عنوانات دیئے جاتے ہیں وہ افسانہ، ناول، قصیدہ، مثنوی، مرثیہ وغیرہ کے نام سے پہچانا جاتا ہے۔ وہ ہر شعبہ میں شعاع آفتاب کی طرح جلوہ گر ہو سکتا ہے چنانچہ فلسفہ میں، معاشیات میں، تاریخ میں دیگر علوم وفنون میں ادب کی نشہ صہبا کی سرخی سی نظر آسکتی ہے لیکن ادب میں آکر یہ تمام علوم وفنون ادب کا جزبن جاتے ہیں۔

صحافت اور ادب میں رشتہ ضرور ہے لیکن دونوں کی جہتیں الگ الگ ہیں۔ صحافت کی بنیاد تخیل پر نہیں ہو سکتی۔ صحافت میں بیشک وسعت ہوتی ہے لیکن صحافت کا گہرائی سے کوئی تعلق نہیں۔ ادب کی طرح صحافت کو بھی تمام علوم وفنون سے رشتہ رکھنا پڑتا ہے۔ صحافی کو تاریخ کے ادوار پر بھی نظر رکھنی پڑتی ہے اسے فلسفہ، معاشیات اور سائنسی امور سے بھی باخبر ہونا چاہئے اس کو اس مخصوص سلیقہ سے بھی باخبر ہونا چاہئے جو سلیقہ ان تمام علوم کو لاکھوں آدمیوں تک اپنی بات پہنچانے کیلئے ضروری ہے۔ صحافی کیلئے یہ لازمی ہے کہ اس کا قاری اس کا ہم خیال ہو اور سب سے بڑھ کر اسے یہ بھی معلوم ہے کہ اس کا قاری کون ہے۔ ادیب کو اپنے قاری کی پرواہ نہیں ہوتی ماہ وسال کے آئینہ میں افراد کے بدلتے ہوئے چہرے اس کے قاری کی تخلیق کرتے رہتے ہیں لیکن صحافت کے ساتھ یہ نہیں ہوتا۔ اخبار ہو یا رسالہ ایک اچھا صحافی اس سے باخبر ہوتا ہے کہ اس کا قاری کیا چاہتا ہے اور یہی "چاہت" صحافت کا رشتہ کاروبار سے جوڑ دیتی ہے، صحافی کو تو یہ بھی دیکھنا پڑے گا کہ سرورق پر کیسی تصویر ہے؟ اس تصویر کے رنگ کیسے ہیں؟ صفحات کتنے ہیں؟ کاغذ کیسا ہے؟ کیا اندرونی صفحات کی تزئین و آرائش بھی ضروری ہے؟ اور اگر ہے تو وہ کس طرح کی ہو جو مضامین شامل کئے جا رہے ہیں ان کی زبان کیسی ہے؟ لب و لہجہ کیسا ہے؟ لفظوں کا آہنگ کیسا ہے؟ اسے خود اپنے علم سے زیادہ اپنے یہاں کے لکھنے والوں کے علم کی فکر لاحق ہوتی ہے اسے اپنے صحیفہ کی ایک سطح بھی بر قرار رکھنی پڑتی ہے اسے بھی حسن انتخاب، ترتیب کا سلیقہ اور پیش کش کے انداز پر نظر رکھنا پڑتی ہے۔

اسی طرح اگر غور کیا جائے تو یہ اندازہ ہو گا کہ ادب میں دوامی اقدار ہوتی ہیں اس میں تخیل کی کار فرمائی بھی ہوتی ہے ادب کسی بھی رخ سے یعنی نظم ہو یا نثر پیش کیا جا سکتا ہے اس میں بے پناہ وسعت ہوتی ہے اور ادیب بڑی حد تک قاری کا پابند نہیں ہوتا اس کا

قاری لمحاتی نہیں ہوتا اور خود ادیب کسی دور کا یا زمانی تعین کا محتاج نہیں ہوتا۔ صحافی عارضی و لمحاتی اقدار سے وابستہ ہوتا ہے اس کے یہاں تخیل کی گنجائش نہیں، ادیب کے برعکس اسے "گل صد رنگ' سے باخبر ہونا چاہئے وہ اپنے قاری سے بے نیاز نہیں ہو سکتا اس کے ساتھ وہ پابندیاں ہوتی ہیں جن سے ادیب بے نیاز ہوتا ہے۔

لیکن ان تمام امور کے باوصف ایسے صحافی بھی ہوئے ہیں کہ ہر پابندی سے خود کو آزاد رکھتے ہیں۔ جو اگر ایک طرف الفاظ کو شبنم کی خنکی عطا کرتے ہیں اور حرفوں کو پنکھڑیوں کی طرح نرم و نازک بنانا جانتے ہیں تو ایسے صحافی بھی ہوئے ہیں جو حرفوں کو شعلہ صفت اور لفظوں کو انگارہ بنادیتے ہیں اور یہیں پہونچ کر ادب اور صحافت کے فرق کو واضح کرنے کیلئے یہ کہا جاسکتا ہے کہ ادب اقدار حیات کی تطہیر، پاکیزگی اور حسن کا نام ہے صحافت ہیجان، اشتعال، جذبات کی برانگیختگی کا ذریعہ ہے ادب لمحات وقت اور زماں کو اپنی گرفت میں رکھتا ہے۔ صحافت لمحات، وقت اور زماں کے ساتھ چلتی ہے۔

اس پس منظر میں عالمی تاریخ پر اگر نظر ڈالی جائے تو اندازہ ہو گا کہ صحافت نے صرف عظیم سیاسی رہنما ہی نہیں پیدا کئے جیسے چرچل یا گاندھی جی یا مولانا ابوالکلام آزاد یا ایڈمنڈ برگ بلکہ صحافت کی سنگلاخ وادیوں سے گزرتے ہوئے عظیم ادیب بھی وجود میں آئے جیسے تھیکرے، لیکن اردو میں بہت ہی دلچسپ صورت حال رہی یہاں صحافت کا باقاعدہ آغاز سدا سکھ لال ۱۸۲۳ء سے ہوا اور وہاں سے ماسٹر رام چندر کے ہاتھوں "محب ہند اور فوائد الناظرین کے جلوے دکھاتا ہوا مولانا محمد باقر علیہ الرحمہ کے اخبار "الظفر' تک پہونچا دیا اور پھر سر سید کا تہذیب الاخلاق وجود میں آیا۔ یہ سارے نام اور کارنامے خود اپنے ذاتی وجود سے بے حد اہم ہوئے، اتنے اہم کہ ان کی حیثیت ادبی تاریخ کا جزو اعظم بن گئی۔ اودھ پنچ اودھ اخبار دلگداز خدنگ نظر اور الناظر خود اپنی جگہ پر ایسے صحیفے

تھے جنہوں نے ادبی تاریخ کو رنگ آہنگ بھی عطا کیا اور یہ اردو کی بے نظیر ادبی تاریخ کا ناگزیر جز بن گئے (یہاں روزناموں سے اس لئے اعراض کیا گیا کہ ان کی اپنی خود ایک تاریخ بھی بن جاتی ہے اور ان کی خصوصیات بھی صحیفوں کی خصوصیات سے الگ ہوتی ہے) مولانا آزاد کی صحافتی فتوحات میں الہلال البلاغ کے ساتھ الصباح کا تذکرہ بھی ضروری ہے اور اسی کے سب کے ساتھ پنجاب کی ایک اپنی ادبی دنیا تھی جس میں عبدالقادر کا مخزن حکیم یوسف حسن کا نیرنگ خیال، صلاح الدین احمد کا ادبی دنیا بہت مشہور تھے اور ادھر لکھنو سے نیاز فتح پوری نگار کی اشاعت سے اور عبدالماجد دریابادی صاحب صدق جدید سے ادبی روایت سازی کا تاریخی فریضہ انجام دے رہے تھے۔ معارف جیسے بلند پایہ علمی رسالہ یابابائے اردو کا "اردو' یا ممبئی سے نوائے ادب ادبی تحقیق سے متعلق تھے۔

مگر یہ ساری ۱۹۴۷ء تک رہی۔

حیدرآباد میں صحافت کا نقطہ آغاز رسالہ "طبابت' کو قرار دیا جاتا ہے جو ۱۸۵۷ء میں شائع ہونا شروع ہوا۔

حیدرآباد میں ادبی صحافت کا آغاز مخزن الفوائد سے ہوتا ہے جو ۱۸۵۷ء میں عماد الملک نے شائع کرنا شروع کیا۔ ادبی رسائل میں "حسن' رسالہ سحر البیان کے نام لئے جا سکتے ہیں۔ ۱۸۸۶ء میں دلگداز کی اشاعت عمل میں آئی، شرر اس کے بانی و مدیر تھے۔۔ دبدبہ آصفی مہاراجہ کشن پرشاد کی سرپرستی میں رتن ناتھ سرشار کی ادارت میں شائع ہونا شروع ہوا لیکن ان میں سب سے اہم ماہنامہ "صحیفہ' تھا جو ۱۹۰۵ء سے شائع ہونے لگا تھا۔ مولوی عبدالحق نے اورنگ آباد سے رسالہ اردو کی اشاعت شروع کی بعد میں یہ رسالہ حیدرآباد سے شائع ہونے لگا۔

ڈاکٹر محی الدین قادری زور نے ادبیات اردو کی جانب سے جنوری ۱۹۳۸ء سے

"سب رس" شائع کرنا شروع کیا یہ رسالہ آج بھی نکل رہا ہے اور اب انگلیوں پر گنے جانے والے ان رسائل میں ہے جن کی اشاعت کا زمانہ ۶۸ برس پر محیط ہے آج کل پروفیسر مغنی تبسم اس کے مدیر ہیں۔

مارچ ۱۹۵۵ء سے سلیمان اریب نے اپنے ماہنامہ "صبا" جاری کیا۔ حیدرآباد سے شائع ہونے والے ادبی ماہناموں میں اعظم راہی کا "پیکر" اور "تیشہ" اور ناصر کرنولی کا "پونم" وغیرہ ہیں۔ ۱۹۶۵ء سے ڈاکٹر مصطفے کمال شگوفہ چھوڑ رہے ہیں اور ۱۹۷۶ء سے اقبال اکیڈیمی کی جانب سے اقبال ریویو شائع ہو رہا ہے آندھرا پردیش اردو اکیڈیمی جون ۱۹۸۱ء سے قومی زبان شائع کر رہی ہے اور بھی بہت سے رسائل نکلے معروف ہوئے اور ماضی کے قبرستان میں لوح مزار بن کر رہ گئے۔

حالانکہ بیسویں صدی کی ابتداء میں بعض محترم صحافیوں نے انگریزی جبر واستبداد کے باوجود نثر و نظم میں بے نظیر کارنامے پیش کئے تھے مولانا محمد علی جوہر، مولانا عبدالرزاق، خواجہ اسد، مولانا ظفر علی خاں وغیرہ کی شعلہ بار تحریریں غلامی کی آہنی زنجیروں کو پگھلا دیتی تھیں انھوں نے پابندیوں میں رہتے ہوئے آزاد قلم کا سلیقہ سکھایا تھا۔

آزادی کے بعد فضاء بدلی اردو کے بہت سے ادیب بڑھے اچھے صحافی بھی تھے جن میں سب سے اہم نام خواجہ احمد عباس کا تھا جو انگریزی اور اردو دونوں پر یکساں قدرت رکھتے تھے۔ کرشن چندر، ساحر لدھیانوی جوش ملیح آبادی (کاخ بلند و کلیم) وغیرہ صحافی بھی رہے ادیب بھی اور ان کی تحریریں ۴۷ء سے پہلے یادگار تھیں۔

مگر اب ایک نئے انداز کے رسالوں نے جنم لیا تھا یہ حکومتوں کی سرپرستی میں نکلتے تھے یہ اس اعتبار سے عوامی حیثیت رکھتے تھے کہ حکومتیں عوامی تھیں مگر بہر حال

حکومت اور اقتدار کی کچھ مجبوریاں ہوتی ہیں اور اسی لئے ان کے رسائل کے مدیران محترم کو حقیقی معنوں میں ادب و صحافت کے پل صراط سے گزرنا پڑتا تھا چنانچہ مرکزی حکومت ہو یا صوبائی حکومت عموماً سب کے پاس ایک ادبی رسالہ تھا اور ان رسائل نے ایک نئی دنیا کی تخلیق کی تھی۔

ان رسائل میں مختلف موضوعات پر مضامین ہوتے تھے اور ادبیات میں تخلیقی پہلو مد نظر رکھتے ہوئے افسانے، نظمیں اور غزلیں بھی ہوتی تھیں ساتھ ہی ساتھ ادبی تحقیق و تنقید پیش کی جاتی تھی۔

اس میں کوئی شک نہیں ہے کہ ان رسائل نے سخت ترین حالات اور نامساعد ماحول اور سیاسی کش مکش کے بدترین اثرات کو نہ صرف یہ کہ جھیلا بلکہ بری طرح بھگتا بھی مگر رہین ستم ہائے روزگار رہتے ہوئے ادبی ذوق کی تربیت بھی کی اسے سنوارا بھی اور اعلیٰ ترین ادبی روایت کی تخلیق بھی کی۔

ایسے ہی رسائل میں نیا دور بھی ہے۔

نیا دور کا سلسلہ نسب اطلاعات سے ملتا ہے یہ پندرہ روزہ ۱۹۴۶ء سے شائع ہو رہا تھا اس کے ایڈیٹر بھی علی جواد زیدی تھے اور اس کے ابتدائی اراکین میں ان کے ساتھ فرحت اللہ انصاری صباح الدین عمر اور خورشید احمد صاحب کے نام لئے جا سکتے ہیں۔ عرفان عباسی نے اپنے تحقیقی مضمون نیا دور کے پچاس سال میں نیا دور کے سال اجراء کا تعین کچھ اس طرح کیا ہے۔

"اس وقت جون ۱۹۵۶ء کا شمارہ پیش نظر ہے جس کے سرورق پر جلد ۱۱ نمبر ۶ درج ہے اس اندراج کے مطابق نیا دور کا سال اجراء یقینی طور پر ۱۹۴۶ء قرار پاتا ہے اس حقیقت پر فروری ۱۹۵۷ء کے شمارہ (جلد ۱۲ نمبر ۲) کے مرتب فرحت اللہ انصاری مرحوم

کے ایڈیٹوریل (عرض حال) کی مندرجہ ذیل سطور مزید روشنی ڈالتی ہیں۔" زیدی صاحب (علی جواد زیدی) جو جنوری ۱۹۵۷ء تک ایڈیٹر تھے اس وقت بھی نیا دور کے ایڈیٹر تھے جب ان کا نام زینت تھا۔ وہ نیا دور نہ تھا وہ اس وقت بھی نیا دور کے سرپرست تھے جب فائلوں کے انبار میں دبے رہتے تھے۔ نیا دور جو کچھ بھی انھیں کی کاوشوں کا نتیجہ ہے۔

اس عبارت سے متعین طور سے یہ نہیں طے ہو پاتا کہ نیا دور کا پہلا شمارہ کس سال اور کس سنہ میں نکلا۔ عرفان عباسی نے شمارہ نمبر اور جلد نمبر سے سال اشاعت طے کیا ہے جبکہ جلد نمبر اور شمارہ نمبر اطلاعات کا بھی ہو سکتا ہے۔

بہر حال نیا دور یقینی طور پر ۱۹۵۷ء میں بے حد مقبول ادبی رسائل میں تھا اس کی قیمت فی شمارہ چار آنہ تھی دس برس بعد آٹھ آنہ ہو گئی تھی پھر اس کے دو برس بعد ایک روپیہ ہو گئی تھی۔ اس رسالہ کی اہمیت اس کے خاص نمبروں کی وجہ سے اور اس کے قلمی معاونین کی وجہ سے بہت زیادہ تھی اس کے قلمی معاونین میں کچھ نام (محققین) درج کئے جاتے ہیں۔

امتیاز علی عرشی، مسعود حسن رضوی ادیب، علی جواد زیدی (مرحوم ایڈیٹر بھی تھے) کالی داس گپتا رضا، نیر مسعود، کاظم علی خاں، اکبر حیدری، پروفیسر حنیف نقوی، ڈاکٹر اعجاز حسین کے نام لکھے جاسکتے ہیں۔ تنقید نگاروں میں پروفیسر احتشام حسین، پروفیسر گوپی چند نارنگ، پروفیسر محمد عقیل، پروفیسر جعفر رضا، پروفیسر شمس الرحمن فاروقی، پروفیسر محمود الحسن کے نام یاد آ رہے ہیں۔ شعراء اور افسانہ نگاروں کی بھی فہرست بہت طویل ہو گئی مگر کچھ نام نہ لکھنا ظلم ہو گا ان میں فراق، علی سردار جعفری، شہریار، خمار بارہ بنکوی، قرۃ العین حیدر، رام لعل، جوگندر پال کی تخلیقات پیش نظر

ہیں۔یقیناً کچھ اہم نام رہ گئے ہوں گے اس فروگزاشت سے راقم الحروف کی کم علمی کی بنا پر درگذر کرنا چاہئے۔

نیا دور کی اہمیت اس کے خاص نمبروں کی وجہ سے بہت زیادہ رہی ہے۔ خاص نمبروں کے سلسلے میں کچھ نام درج کئے جاتے ہیں۔

ا۔ تعمیری ادب نمبر ۲۔ جعفر علی خاں اثر نمبر ۳۔ فراق نمبر حصہ اول ۴۔ فراق نمبر حصہ دوم۔۵۔ شیخ علی حزیں نمبر۔۶۔ دیاترائن نگم نمبر۔۷۔ قومی یکجہتی نمبر ۸۔ اودھ نمبر حصہ اول۔۹۔ ضمیمہ اودھ نمبر ۱۰۔ اودھ نمبر حصہ دوم ۱۱۔ نصف صدی نمبر ۱۲۔ یادگار آزادی نمبر ۱۳۔ فراق صدی کی آواز ۱۴۔ محمد علی جوہر نمبر، اس کے علاوہ نیا دور کے بہت سے گوشے بھی اہم تھے مثلاً منظر سلیم کا گوشہ، چودھری سبط محمد اور علی جواد کا گوشہ، بعض سیاسی شخصیتوں پر بھی سرکاری مجبوریوں کے تحت نمبر نکلے تھے۔

نیا دور کے مدیران محترم کے بارے میں نصف صدی نمبر میں تفصیل سے روشنی ڈالی گئی ہے اور مرحوم سبط محمد نقوی اور محترم عرفان عباسی نے ہر مدیر کے بارے میں ضروری معلومات فراہم کر دی ہیں۔امیر احمد صدیقی کا مضمون نیادور کچھ یادیں کچھ باتیں اور عرفان عباسی کا مضمون نیادور کے پچاس سال خصوصیت سے قابل ذکر ہے۔

موسس کی حیثیت سے پدم شری علی جواد زیدی مرحوم اور اسے شاہ راہ ترقی پر ڈالنے والے صباح الدین، خورشید احمد صاحب اور امیر احمد صدیقی کے نام نامی قابل ذکر ہیں۔امیر احمد کے معاون کی حیثیت سے بھی عزیز محترم شاہ نواز قریشی کا نام نیادور کے صفحات پر جگمگاتا رہا اور ادبی صحافت کیلئے باعث افتخار رہا۔سید امجد حسین کا زمانہ ادارت اس رسالہ کا دور عروج تھا اور اس میں شک نہیں کہ ان کے زمانہ کے خاص نمبر تاریخی دستاویز کی حیثیت رکھتے ہیں۔

موجودہ مدیر ڈاکٹر وضاحت حسین رضوی نے صبر آزما اور حوصلہ شکن حالات میں نیا دور کی ادارت کی ذمہ داری سنبھالی اور زبان حال سے شعر پڑھا ہو گا۔

شب تاریک، مبہم موج، گرداب چنیں حائل

کجا دانند حال ما سبکساران ساحلہا

اب غور کیجئے! صحافت میں بھی تخفیف ہو گئی تھی اور اگلا سا وہ التفات نیا دور کی جانب نہ رہ گیا تھا مگر اس عالم میں بھی انھوں نے محمد علی جوہر نمبر شائع کیا، علی جواد زیدی، سبط محمد نقوی صاحب کے گوشے نکالے۔ صفحات کی بحالی کیلئے جدوجہد کی اور کامیاب رہے ان کے دور ادارت میں اکثر ایسے مضامین بھی شائع ہوئے ہیں جو کسی بھی مدیر کی کلاہ افتخار میں طرہ امتیاز ہو سکتے ہیں۔ مثلاً مرزا دبیر پر ضیاء الدین اصلاحی مدیر معاون کا مضمون۔

اپنی تمام تر دشواریوں کے باوجود یہ ماہ نامہ اب بھی پابندی سے شائع ہو رہا ہے۔ ادب و صحافت کی فضائے بسیط میں پرواز کرنے والا یہ شاہین صفت رسالہ آج بھی اپنے فقر غیور کے باوجود اپنی پرواز میں کوتاہی نہیں آنے دے رہا ہے۔ پتھر چلیں، جراحتیں بڑھیں، زخم لگیں، لیکن اس کے مدیر کا یہ حوصلہ ہے کہ بقول نجم آفندی۔

میں کہاں رکتا ہوں عرش و فرش کی آواز سے

مجھ کو جانا ہے بہت آگے حسد پرواز سے

(۱۱) ہندوستانی کلاسیکی روایت کی بازیافت

روایت انسانی زندگی کا قیمتی اثاثہ ہوتی ہے۔ انسانی زندگی سے متعلق کسی بھی شعبہ میں روایت کا سنہرا تسلسل شناخت اور پہچان کا سبب ہوتا ہے۔ روایت کے ذریعہ ہی ثقافتی تشخص یا تہذیبی شخصیت کا اظہار ہوتا ہے غلط فہمی کی بناء پر روایت کو جاور اور اسپنگلر کے لفظوں میں ٹھہرا ہوا سمجھ لیا جاتا ہے اور یہ خیال کیا جاتا ہے کہ روایت ارتقائی امکانات پر پہرے بیٹھا دیتی ہے حالانکہ یہ درست نہیں ہے۔ روایت میں زبردست قوت نمو ہوتی ہے۔ وہ ہر شئے میں جس سے بھی متعلق ہو نئے جہات اور نئے امکانات کو پیش کرتی ہے وہ اپنی پرستش کا مطالبہ نہیں کرتی مگر اپنی پاسداری کا تقاضہ ضرور کرتی ہے اس لئے کہ روایت پرستی اور احیاپرستی کی سرحدیں ایک دوسرے سے بہت ملتی ہیں احیاپسندی انسانی سماج کو مضحکہ خیز بنادیتی ہے اور تہذیبی ارتقاء کو رجعت قہقری میں بدل دیتی ہے۔ احیاء پسندی کا ہرگز یہ مطلب نہیں کہ انسان کسی قدیم مذہب کو ماننے والا ہے تو اپنے شخص عقائد کو ماضی کے رنگ میں رنگنے کی کوشش کرے۔ نہیں! بلکہ احیاء پسندی کا مطلب ہوتا ہے اپنے تصورات جبراً مسلط کرنا اور مستقبل کے افق کو ماضی میں دھکیلنے کی ناکام کوشش۔ احیاء پسندی ماضی میں لے جاتی ہے اور روایت کی پاسداری ماضی کو حال میں لے آتی ہے اور اس کی روشنی میں مستقبل کی طرف قدم بڑھاتی ہے یہ وضاحت بہت ضروری ہے کہ روایت کو تسلسل اور عوام کے تسلیم کردہ اصولوں کا نمونہ ہونا چاہئے۔ روایت کا وجود برسہابرس کے انسانی تجربات کا نتیجہ ہوتا ہے۔ نہ یہ الہامی ہوتی ہے اور نہ ہی قانون مملکت کی طرح سے نافذ کی جاتی ہے۔

اسے رسم و رواج سے اس لئے الگ سمجھنا چاہئے کہ رسم و رواج میں خارجی قرینہ ہوتا ہے اور روایت میں داخلی قرینہ بھی ہوتا ہے۔ روایت کی اہمیت کا اندازہ اس ایک نکتہ سے لگایا جاسکتا ہے کہ برطانیہ کے پاس تحریر شدہ دستور اساسی نہیں ہے بلکہ اس کی ساری عمارت روایت کی بنا پر قائم ہے۔

روایت کے تسلسل سے ہی سیاسی بنیادوں پر قومیت کی تشکیل ہوتی ہے اور وسیع تر تناظر میں روایت ہی سے کلچر کی شناخت اور پہچان ہوتی ہے۔ اس سلسلہ میں پنڈت نہرو نے بڑی خوبصورتی سے بات کہی ہے۔

ہندوستانی کلچر ہزارہا برس کی تاریخ میں روایت کا ایک تسلسل رکھتا ہے۔ یہ روایت بڑی حد تک تسلیم کی گئی کبھی کبھی ان میں ترمیم بھی کی گئی تاکہ وہ نئے حالات کے تقاضوں کا سامنا کرسکے۔

یہیں سے اس پہلو کی صداقت مسلم ہو جاتی ہے کہ روایت کا تسلسل ہی شناخت، پہچان اور کلچر کے امتیازی وصف کا سبب ہوتا ہے۔ ہندوستان اپنے کلچر اور اپنی تہذیبی روایت کے تسلسل کی ہی وجہ سے اقوام عالم میں منفرد اور ممتاز رہا ہے۔ اقبال نے جب کہا تھا۔

یونان و مصر و روما سب مٹ گئے جہاں سے
باقی ہے لیکن اب تک نام و نشاں ہمارا

تو یہ شعر اردو شاعری کے روایتی مبالغہ کی مثال نہیں تھا بلکہ اس کی تصدیق اے ایل کروبر کے اس بیان سے ہوتی ہے۔

"اس میں اٹل صداقت ہے مصر و روم و فرانس، اور نشاۃ ثانیہ سے پہلے یورپ میں فلسفہ غیر معروف تھا اور چین

نقاشی، ڈراما، اور پینٹنگ عرب میں نہیں تھی۔ فن تعمیر جاپان میں نہیں تھا۔ صرف لکڑی کے مکان بنتے تھے، اینٹ و پتھر سے وہ بے خبر تھے۔

لیکن اعلیٰ ترین نفاست اور شائستگی کے ساتھ لطیف اقدار حیات کے سارے گوشے ہندوستانی کلچر میں موجود تھے جبکہ دوسرے ممالک اس سے ناآشنا رہے یا اس کے تسلسل کو برقرار نہ رکھ سکے۔ ہندوستان کی عظمت بھی ہمیشہ کلچرل روایت کے تسلسل کی بناء پر رہی ہے اور یہ روایت تھی (۱) مذہبی رواداری (۲) باہمی احترام (۳) وسیع النظری (۴) کثرت میں وحدت۔

ایک المیہ یہ رہا ہے کہ ہمارے اکثر عالموں نے کلچر یا تہذیب کا رشتہ مذہب سے جوڑا ہے اور بڑی غیر ذمہ داری سے اسلامی تہذیب اور ہندو تہذیب جیسی اصطلاحیں وضع کی ہیں اور اس مفروضے پر خطرناک عمارت بلند کرنے چلے گئے ہیں حالانکہ منطقی اعتبار سے یہ تصور ہی غلط ہے۔ تہذیب یا کلچر کا کوئی تعلق مذہب سے نہیں ہوتا کیا مسلمان ممالک انڈونیشیاء، ملیشیاء، چین ہرزے گوینا، عرب اور افغانستان کی تہذیب ایک ہے۔ ظاہر ہے کہ جواب نفی میں ہو گا۔ اسی طرح ہندو تہذیب کی اصطلاح بھی غلط ہے۔ کیا نیپال اور کیرالا کی تہذیب ایک ہے۔ دراصل تہذیب کی بنیاد وہ علاقہ ہوتا ہے اور وہ عناصر ہوتے ہیں جنہیں تاریخ روایت بنا دیتی ہے۔ ہندوستانی تہذیب بھی دراصل وہ چار بنیادی عناصر رکھتی ہے جن کا ذکر اوپر کیا گیا ہے۔ مختصراً یہ ہندوستان کی تہذیبی تاریخ کا ایک رخ ہے جس میں تسلسل ہے۔ ضابطوں کی پابندی، آرائش، تزئین، عقیدہ، اخلاقیات، ادارے، زبان، مشترکہ طرز عمل، جغرافیائی حالات سے ہم آہنگی، ہم خیال افراد کے درمیان ترسیل اور وہ تخلیقی محرکات ہیں جو نسلوں کے درمیان منتقل ہوتے ہوتے رہتے ہیں یہ کلچر ایک وراثت ہے، مقدس امانت ہے۔ جو ہم تک پہنچتی رہی ہے۔

ہندوستان میں ایک کلچر رہا ہے ایک تہذیب رہی ہے اور یہ کلچر اور تہذیب یک رنگ نہیں رنگارنگ ہے۔ یہاں کی تاریخ مشترکہ رہی ہے۔ دکھ اور سکھ مشترکہ رہے ہیں۔ رسم ورواج مشترکہ رہے ہیں۔ تصورات وتوہمات مشترکہ رہے ہیں۔ خوبی اور خرابی مشترکہ رہی ہے اور یہی مشترکہ احساس ہی ہندوستان کی یا ہندوستانیت کی روح ہے جس میں صرف عرب کا سوز دروں اور عجم کی نفاست ہی نہیں ہے اس میں وسط ایشیاء کا شکوہ بھی ہے اور اب جو کلچر ہے اس میں مغرب کی مادی نزاکت بھی ہے یہ بہت سارے رنگ ہیں جو قدس فرخ کی طرح ایک بھی ہیں اور ہفت رنگ بھی ہیں ان میں سناتن دھرم کا زعفرانی رنگ بھی ہے۔ بدھوں اور جینیوں کا شفقی رنگ بھی ہے۔ مسلمانوں کا سبز رنگ بھی ہے اور اس میں تصوف اور بھگتی کی وہ دودھیا سفیدی بھی ہے جو ہر رنگ کو جذب کرنا جانتی ہے اس میں شنکر آچاریہ سے وویکانند تک اور خواجہ اجمیری سے اقبال تک کے افکار کی شعاعیں بھی ہیں اور یہ مشترکہ کلچر جس تہذیب کی نشاندہی کرتا ہے وہ تہذیب گونگی نہیں ہے وہ زبان بھی رکھتی ہے اسی مشترکہ کلچر کا ایک مظہر اردو ہے اور یہی مشترکہ تہذیب ہندوستان کا حسن ہے جس کے بارے میں میکس ملر نے لکھا۔

"ہندوستان کی جدید ترین اور قدیم ترین فکر کے درمیان ایک اٹوٹ تسلسل ہے جو گذشتہ تین ہزار سال پر پھیلا ہوا ہے اگر مجھ سے یہ دریافت کیا جاتا کہ کس آسمان کے تلے انسانی ذہن نے اپنے منتخب عطیات کو ارتقائی شکل دی ہے۔ زندگی کے اہم ترین مسائل پر تعمق کے ساتھ فکر کو راہ دی ہے ان میں سے بہت سارے مسائل کا حل دریافت کیا ہے جس کی طرف ان لوگوں کی بھی توجہ مبذول ہوئی ہے جنھوں نے افلاطون اور کانٹ کا مطالعہ کیا ہے تو میں کہوں گا کہ وہ سرزمین ہندوستان ہے'

اس طرح جب مشترکہ تہذیب کی اصطلاح استعمال کی جاتی ہے تو نام نہاد ہندو

تہذیب اور مسلم تہذیب کا اشتراک مراد نہیں ہوتا اس لئے کہ ہندو مسلم تہذیب کا وجود ہی نہیں ہے بلکہ مشترکہ تہذیب سے مراد تاریخ کی وہ رنگارنگ کثرت ہے جو وحدت میں نظر آتی ہے۔

آزادی فکر، آزادی ضمیر اور ثقافتی تشخص سیاسی آزادی سے زیادہ اہم ہوتا ہے۔ ہندوستان پر کئی بار باہر سے حملے کرنے والے جب یہاں آئے تو انھوں نے اپنے ثقافتی وجود کو ہندوستانی تہذیب کے عظیم تر دھارے میں شامل کر لیا اور اس کا جزو بن گئے۔ لیکن جب بنگال سے ۱۷۵۷ء کے بعد باد شمال چلنے لگی تو صرف ڈھاکہ کے کرگھے نہیں ٹوٹے تھے بلکہ مانچسٹر لیور پول اور شفیلڈ سے اٹھنے والے دھوئیں کے بادل ہندوستانی روایات کا بھی گلا گھونٹ رہے تھے۔

"صنعتی انقلاب سے پہلے ہندوستان اپنے کپڑے انگلستان کی چاندی کے عیوض بیچتا تھا لیکن صنعتی انقلاب کے آجانے سے اشیاء کا جو تبادلہ دونوں کے درمیان تھا وہ الٹ گیا ہندوستان کی تجارت تباہ و برباد ہوگئی گاؤں کے کاریگروں اور بنکروں کا ذریعہ معاش جاتا رہا۔ مال گزاری کی جو پالیسی حکومت نے اختیار کی اور مقامی صنعت کی بربادی، ان دونوں نے مل کر گاؤں کے قدیم منظم معاشرہ کو پارہ پارہ کر دیا۔ شہرت، دولت اور طاقت کے سارے راستے ہندوستانیوں پر بند کر دیئے گئے تھے۔ سرکاری ملازمتوں اور ملک کے دفاع اور اس کی خوش حالی میں اضافہ کرنے سے متعلق شہری فرائض کی انجام دہی کے مواقع ختم کر دیئے گئے تھے۔

مغرب کی سوداگرانہ جارحیت کے خلاف ہندوستان کے پاس خود اپنی کوئی قومی تجارتی پالیسی نہ تھی ہندوستان کے اقتصادی مسائل کو اس وقت قومی نقطہ نظر سے نہیں دیکھا گیا تھا۔

ڈاکٹر تاراچند نے اعداد و شمار سے یہ ثابت کیا ہے کہ دنیا کے بازاروں میں ہندوستان کی چیزوں کی قیمت بہت کم ہو گئی تھی۔ ہندوستان کا خسارہ انگلستان کا نفع ہو گیا تھا۔ غالباً جب سے دنیا شروع ہوئی ہے کسی سرمایہ سے اتنا نفع نہیں حاصل ہوا جو ہندوستان کی لوٹ سے حاصل کیا گیا کیونکہ پچاس سال تک برطانیہ کا کوئی مد مقابل نہ تھا۔

"انھوں نے ملک کی تجارت وصنعت کو برباد کیا۔ ہندوستان کے کرگھوں کو توڑ ڈالا۔ کاریگروں کے انگوٹھے اس لئے کاٹ لئے گئے تاکہ وہ کچے مسلک کا لچھا نہ بنا سکیں۔ نا انصافی پر مبنی سالانہ خراج برطانیہ والے ہندوستان سے زبردستی لیتے تھے وہ ملک جو کبھی اپنی دولت کیلئے تمام دنیا میں اپنی شہرت رکھتا تھا اسے گھٹا کر افلاس، بیماری، مصیبت اور فاقہ کشی تک پہنچا دیا گیا'۔

لیکن اقبال کے الفاظ میں معاشی مسئلوں سے کہیں زیادہ اہم ثقافتی تشخص اور شناخت کا مسئلہ ہوتا ہے۔ نو آبادیاتی نظام نے ثقافت پر بھی حملہ کیا تھا۔ معاشرت میں آداب دستر خوان، طریقہ نشست و برخاست، لباس، وضع قطع تو متاثر ہوئے ہی تھے زبان بھی بگڑی دہن بھی بگڑا۔ فورٹ ولیم کالج سے درناکیولر کی اصطلاح رائج کی گئی یعنی وہ زبان جو صرف بولی جاتی تھی جس کا کوئی ادب نہیں ہوتا تھا علاقائی زبانوں کے ساتھ وہ زبان بھی ہدف بنائی گئی جو کشمیر سے کنیا کماری تک بولی اور سمجھی جاتی تھی لکھی اور پڑھی جاتی تھی۔ تہذیبی وراثت سے مالا مال یا علاقائی خصوصیت کی زبانوں پر بھی ایک نئی زبان مسلط کر دی گئی ایک ایسا لمحہ بھی آیا جب روی ورما اور بساون کو مونالیزا کی مسکراہٹ پر قربان ہونا پڑا۔ کتھک اور بھارت ناٹیم والز اور فاکس ٹراٹ کے سامنے لڑکھڑا گئے۔ بھانگڑا ڈسکو کا شکار ہوا۔ بانسری بربط اور رباب کی جگہ کلارنٹ اور اکارڈین نے لے لی۔ صاحب انگلینڈ گئے تو بینڈ بجا کر گئے۔ صرف کوہ نور تاج برطانیہ کی زینت نہیں بنا تھا بلکہ اس سے ہزار گنا

قیمتی تہذیبی وراثت کتابوں کی شکل میں انڈیا آفس لائبریری پہنچ گئی تھی۔

ہمارے عوامی گیت، لوک ناچ، بریا آلھا، کجری نوٹنکی، لیلائیں سب دیہاتی پن کی علامت قرار دے دیئے گئے۔ دیہات کی معصوم عظمت مضحکہ خیز ثابت کی گئی اور نتیجہ یہ ہوا کہ

عشرتی گھر کی سوئیوں کا مزا بھول گئے
اور بات وہی مستند ٹھہری جو "پائیز میں تھی'

تہذیب پر حملہ ہوا تو روایت مجروح ہو گئی۔ فکر و احساس کراہ اٹھے اور تہذیبی شخصیت عجیب و غریب اور مضحک بن گئی نقالی اور کورانہ تقلید نے صورت ہی بگاڑ دی۔ جوش کے الفاظ میں

منہ کے اندر زبان انگریزی
جسم انگریزی جان انگریزی
اپنے لہجہ سے ہاتھا پائی تھی
حلق کی ساخت سے لڑائی تھی
چھل رہا ہے گلا تو چھل جائے
لہجہ صاحب سے اپنا مل جائے

اس پس منظر میں تاریخ کا سفینہ ۴۷ء کے کنارے آلگا۔ ایک سو نوے برس کے جبر نے سب کچھ چھین لیا تھا۔ خون کی جو ہولی کھیلی گئی تھی اس نے گھر کا نقشہ ہی بگاڑ دیا تھا۔ اسے ٹھیک کرنے میں کچھ وقت لگا تھا پھر دھیرے دھیرے یاد آتا گیا کہ ہماری شخصیت کیا تھی کیا ہو گئی اور کس حد تک ہمیں اپنی اس روایت کی بازیافت کی فکر کرنی چاہئے جن روایات کو زنجیریں پہنا کر ماضی کے قید خانے میں اسیر کر دیا گیا تھا۔

دراصل صرف سیاسی اور معاشی غلامی نے ہندوستانی وحدت کے تصور پر ضرب نہیں لگائی تھی بلکہ کلچر کو بھی منتشر کر دیا تھا جس طرح ایگریکلچر زمین کی صلاحیتوں اور اس کی نوعیتوں کا تعین کرکے اور بیج ڈال کے پودوں کو وجود میں لانے کا نام ہے اسی طرح کلچر انسانی صلاحیتوں اور اس کی نوعیتوں کا تعین کرکے سماج سے وابستہ بہترین تحفہ ہے اس کے کچھ قوانین بھی ہوتے ہیں ایک مخصوص زاویہ نظر ہوتا ہے جس سے وہ دنیا کے مختلف رویوں کو دیکھتا اور پرکھتا ہے۔ روایات کلچر کے لئے کسی عینک یا زاویہ نظر کا کام کرتی ہیں یہ درست ہے کہ روایت یا اچھی بری دونوں ہوتی ہیں لیکن سچ یہ ہے کہ وقت کے سیلاب میں صحت مند روایات ہی زندہ رہ جاتی ہیں۔

ان کی وراثت بہت مشکل ہے اس لئے کہ صدیوں کی دانشمندی ہی ہمیں نہیں ملتی جنون اور دیوانگی بھی ملتی ہے اور کبھی کبھی اس کی سرحدیں توہمات اور احیاء پسندی کی شکل اختیار کرنے لگتی ہیں لیکن ترمیم، تنسیخ و توسیع کے عمل سے روایات کو زندگی بھی ملتی ہے اور اگر سیاسی اقدار اور ذرائع پیداوار پر قابض طاقتیں انھیں دبانے کی کوشش کرتی ہیں تو جیسے ہی ان کا شکنجہ ڈھیلا ہوتا ہے روایات کی بازیافت ناگزیر ہو جاتی ہے اور پوری قوم اپنی تہذیبی جڑوں کی تلاش میں مصروف ہو جاتی ہے۔

آزاد ہندوستان کو نو آبادیاتی زنجیروں سے چھٹکارا پاتے ہی اپنی شناخت اور پہچان کیلئے وقت کی پڑی ہوئی گرد کو ہٹا کر کھویا ہوا سرمایہ واپس لینے کیلئے دھیرے دھیرے تمام شعبہ حیات میں اپنی تہذیب کی تلاش ناگزیر معلوم ہوئی اور ان کی بازیافت کا عمل شروع ہوا چنانچہ معاشرت میں بہت سارے گوشے جو تحقیر کی نگاہ سے دیکھے جاتے تھے انھیں پھر اختیار کیا جانے لگا۔ مردوں کے لباس میں کرتا، پاجامہ شیروانی جنہیں فرسودگی اور دقیانوسیت کی علامت قرار دیا جانے لگا تھا وہ پھر سامنے آئے۔ سوٹ ترک نہیں

ہوا۔ پتلون بھی اپنی جگہ پر رہی مگر لباس کا پرانا تصور بھی سامنے آیا اسی طرح خواتین کیلئے لباس میں ساڑی غرارہ، سہارا، لہنگا، چنری کا استعمال پھر شروع ہوا۔ بنارسی کام کے زر تار کپڑوں کا چلن دبا دیا گیا تھا وہ پھر ابھر کر سامنے آیا۔ سامان آرائش میں مہندی، حنا اور ابٹن کا رنگ چمکا۔

کھانے میں مغلائی کھانوں کی اصطلاح کے ساتھ خوشبو دار سالوں کے استعمال کی تجدید ہوئی۔ انواع اقسام کے پلاؤ، بریانی، بھنے ہوئے یا شوربے دار سالن نے ابلے ہوئے بے ذائقہ کھانوں کی جگہ سنبھال لی۔ چاٹ اور سموسہ بھی پس منظر میں چلے گئے تھے اس لئے کہ حکمرانوں کو مرچیں لگتی تھیں اب زبان کو دوبارہ چٹخارہ ملا تھا۔

ہندوستان کا مزاج منفرد یہاں کی روایات میں ضابطہ کی پابندی، نرم دھیما اور پر سکون ماحول ضروری ہے اسی لئے زبان کے چٹخارے کے ساتھ قدیم دعوتیں پر سکون فضا میں ہوا کرتی تھیں۔ خصوصاً شب میں روشنی کا انتظام اس طرح کیا جاتا تھا کہ ان کی تیزی آنکھوں کو ناگوار نہ لگے اب اسی کی یاد میں شمعیں جل اٹھیں اور کینڈل لائٹ ڈنر ترتیب دیئے جانے لگے۔ ہوٹلوں کے ناموں میں رٹنر اور وال ڈراف جیسے ناموں کی جگہ تاریخ کی عظیم شخصیتوں کے نام ملنے لگے مثلاً تاج محل، اشوک، اکبر وغیرہ یہ بھی ہوا کہ اپنی قدیم تاریخ سے جڑے رہنے کیلئے راجاؤں کے محل قیام گاہ میں بدلے گئے۔

چھڑیوں کے تیوہار جو کبھی تہذیبی زندگی کا جزو ہوا کرتے تھے۔ نوآبادیاتی نظام میں ان کی تو مدھم پڑ گئی تھی یہی حال میلوں اور عرس کا تھا۔ آزادی کے بعد ان روایات میں جان پڑ گئی اب تو امر ناتھ چھڑی مبارک بڑی دھوم دھام سے جاتی۔ میلوں کا شباب اور نکھر آیا ہے۔ ہر عرس پاکیزگی کا مظہر بن کر غیر ملکیوں کیلئے بھی دلچسپی کا سبب ہے۔ دہلی، اجمیر، حیدرآباد، لکھنو وغیرہ اعراس کیلئے مشہور ہیں۔ سیاحتی مراکز پھر ایک بار

کھل کھلا کر ہنس پڑے کھجوراہو نے انگڑائی لے کر بڑی ادا سے مغرب کی طرف دیکھا یہاں کے پچیس مندروں میں زندگی پھر رقصاں نظر آنے لگی۔ مورتیاں اپنے لباس، زیورات اور چہرے کے تاثرات سے ایسی معلوم ہوئیں جیسے ان کی قوت گویائی پھر سے واپس آگئی ہے۔ اب یہ مورتیاں آرائش جمال کے ساتھ دکانوں سے نمائش گاہوں تک پہنچ گئی ہیں۔ اس صنم خانہ عشاق میں جسے ہندوستان کہتے ہیں اب ہر گزر گاہ اور شاہ راہ پر بھی کسی نہ کسی کا مجسمہ نظر آتا ہے۔

مجسمہ سازی کا رجحان اب اس طرح بڑھا ہے کہ بعض جگہوں پر بت بولتے نظر آتے ہیں۔ یقین نہ ہو تو سکندرآباد سے حیدرآباد جاتے ہوئے حسین ساگر کے پل پر بائیں طرف ان مجسموں کو دیکھ لیجئے جن میں حیدرآباد یا آندھرا پردیش کی پوری تاریخ گفتگو کرتی نظر آتی ہے۔

فن تعمیر نے بھی اپنی روایات کی گمشدہ کڑی پھر تلاش کی اور ماضی کے دریچوں میں جھانک کر جہاں بھی موقع ملا عہد قدیم کی روایت کو اجاگر کیا اس سلسلہ کی کچھ مثالیں بہت دلچسپ ہیں۔ بنارس ریلوے اسٹیشن کی عمارت پر نظر ڈالئے تو ایسا محسوس ہوتا ہے جیسے چراغ دیر روش ہے اور ہم شیوا لے کے سامنے کھڑے ہیں۔ ممبئی میں سٹیٹ T-A-E-C ٹائیر کمپنی کی جو عمارت ہے وہ دور سے سانچی کا ستوپ نظر آتی ہے اور یہ ہندوستانی تہذیب کا ہی معجزہ ہے کہ اس کا نقشہ اور اس کے خدوخال قادری صاحب نے تیار کئے ہیں۔ ٹرامبے میں او، این جی سی کی عمارت کو دیکھنے سے یہ احساس ہوتا ہے کہ یہ بھی بدھ فن تعمیر کی جھلکیاں رکھتی ہے۔ لکھنو میں اردو اکیڈیمی کی عمارت جیسی کچھ بھی ہو لیکن اس کی برجیاں اور اس کے رنگ نوابین اودھ کے طرز تعمیر کی یاد دلاتے ہیں۔ لکھنو کے تاج محل ہوٹل کی محراب اور اس کی برجیاں بھی اسی تہذیب کی یادگاریں

ہیں۔ فن تعمیر میں اپنی تہذیبی جڑوں کی تلاش کا جذبہ اس طرح بھی نظر آتا ہے کہ اب چھتوں اور سائبان کی اس طرح رنگ آمیزی کی جاتی ہے کہ دور سے کھپریل یا کویلو نظر آتے ہیں۔

فن تعمیر کی طرح رقص، موسیقی اور مصوری میں بھی روایت کی بازیافت ملتی ہے سب سے پہلے مزامیر کا تذکرہ ضروری ہے۔ ساز بہت پہلے بھی تھے لیکن نوآبادیاتی دور میں " سرشکستہ ' نظر آئے حالانکہ ہماری تہذیب میں پورا وجود انسانی رگ اور راگ کا آہنگ ہے۔ بائیس رگیں ہوتی ہیں جن میں سے اٹھارہ کے سر ہوتے ہیں۔ ہندوستانی موسیقی کی خصوصیت اس کا نظام اور اس کے ضابطے ہیں یہاں بے ہنگم شور نہیں ہے بلکہ ٹھہراؤ ہے اور رکھ رکھاؤ کے ساتھ آوازوں کا آہنگ ہے۔ حضرت امیر خسرو نے اردو اور فارسی طرز کو مخلوط کر کے ساز اور آواز کے آہنگ کو رائج کیا تھا۔ ان کی ایجادات میں دھرپد کا ایک رخ قول وقلبانہ یا ترانہ کہلاتا ہے اس پر مقامی رنگ کا اثر بھی ہوتا ہے۔ اس سلسلہ کی سب سے مشہور مثال " دمادم مست قلندر ' اور پربھارتی کا مشہور قلبانہ علی " مولا مولا ' بہت معروف ہے۔ نصرت فتح علی خاں مرحوم کی غیر معمولی مقبولیت کا راز یہی تھا کہ انھوں نے قول (قوالی) کے سروں پر مبنی گائکی کو فروغ دینے کی کوشش کی تھی۔

بیگم اختر نے غزل کے الاپ میں روایات کو نیا رنگ اور آہنگ دیا مہدی حسن، جگجیت سنگھ وغیرہ نے غزل کو رقص طاؤس بنا دیا۔ خیال کی ایجاد سلطان حسین شرقی (جون پوری) سے بھی منسوب کی جاتی ہے۔ دور حاضر میں اس کی بازیافت اعلیٰ پیمانے پر ہوئی ہے جس کا نمونہ فلم بیجو باورا میں استاد امیر خاں اور نانا پلسکر کی خیال کی جگل بندی میں ظاہر ہوتا ہے۔ فلموں میں نوشاد علی نے کھیم چندر پرکاش اٹل بسواس اور ایس ڈی برمن کی طرح کلاسیکی روایات کی بازیافت کی سعی مشکور کی " تن تناتن تنانانا ' کے مخصوص آہنگ

پر ساز کی جھنکار اور الٹی ہانڈی کی "ٹک ٹک 'نوشاد کا مخصوص انداز تھا۔

رقص کی بنیاد اعضاء کی حرکت پر تھی اور یہ حرکت جذبات اور تاثرات کے تابع ہوا کرتی تھی۔ مغرب نے رقص کو صرف اعضاء کی حرکت سمجھا اور سارا دارومدار کولھوں کے مٹکنے اور پیروں کے تھرکنے تک رہ گیا لیکن ہندوستانی رقص نے جذبات اور احساسات پر زور دیا۔ بظاہر "توں ناکت تا دھاگے ترکٹ دھا دھا' کے بول سارے گاما پا دھانی سا، کی طرح اصول ضابطہ متعین کرتے تھے لیکن اتار چڑھاؤ کی تبدیلیوں کے ساتھ اصل پہلو تھا اعضاء کی حرکت سے جذبات کا اظہار، چنانچہ کتھک ہو بھرت ناٹیم ہو، کچی پڑی، منی پوری ہو، ان سب کا امتیازی وصف یہی ہے کہ وہ شعر متحرک ہیں اور اودے شنکر مہاراج، مرنالنی سارابھائی، پروتما بیدی، مالیکا سارابھائی رقص کی دنیا میں ہندوستانی کلاسیکی روایات کے نمائندے رہے ہیں۔

یہ ضرور ہے کہ سنگیت سمتی، ناٹک اکیڈمی اور کلا کیندروں کے ذریعہ کلاسیکی اقدار کو فروغ ملا لیکن اس سلسلہ میں ریڈیو اور فلموں کو بھی نظر انداز نہیں کیا جاسکتا آج بھی ملکہ پکھراج، جوتیکارائے، لتا منگیشکر، طلعت محمود، سہگل، مناڈے، محمد رفیع، چترالکر، کشور کمار وغیرہ کی آوازوں کی گونج دلوں کو مرتعش کرتی رہتی ہیں۔

ٹی وی دور حاضر میں ذرائع ابلاغ کا اہم ترین مینار ہے چنانچہ اگر فلموں میں تاریخی اقدار کی بازیافت مغل اعظم، شطرنج کے کھلاڑی، رضیہ سلطان، کرانتی، امراؤ جان ادا، تاج محل یا مختلف دھارمک تصویروں میں دیکھی جاسکتی ہے تو مہابھارت رامائن، شری کرشنا، ویر ہنومان، گریٹ مراٹھا، رانی لکشمی بائی، بیتال پچیسی، الف لیلیٰ اور بگ جیسے سیریل تاریخی اور تہذیبی جڑوں کی تلاش کا بڑا اچھا نمونہ ہیں اور یہ حقیقت بھی بغیر لکھے نہیں رہا جاتا کہ راہی معصوم رضا ہوں یا رامانند ساگر یا محافظ حیدر یا گلزار ان سب کی تخلیقی

قوتوں اور صلاحیتوں کو اردو ہی نے پروان چڑھایا ہے۔

اس طرح یہ کہا جا سکتا ہے کہ آزادی کے بعد تمام فنون لطیفہ میں اپنی روایات کی بازیافت کا رجحان غالب رہا، گمشدہ کڑیوں کی تلاش کی گئی اور روایتی تسلسل کو بر قرار رکھا گیا۔

ادب بھی تہذیب کا اعلیٰ ترین جزو ہے یہاں بھی کلاسیکی روایات کی بازیافت ناگزیر تھی اس سلسلہ میں "شب خون' کا شمارہ ۲۰۷ میں Simon During کا پہلے صفحہ پر ایک اقتباس درج ہے اس کے کچھ فقرے ملاحظہ ہوں۔

" پس نو آبادیاتی تمنا یا ضرورت کیا ہے۔؟ یہ تمنا یا ضرورت صرف اتنی ہے کہ وہ قومیں اور گروہ جو کل تک سامراجی نو آبادیاتی میں شامل تھے آج اپنی غیر نو آبادیاتی شخصیت کا وجود اور استحکام چاہتے ہیں۔ نو آبادیاتی مصنف کا تشخص زمین سے نہیں بلکہ زبان سے اور زبان کے اندر تہذیب سے ہی قائم ہو سکتا ہے'۔

ادب ایک مسلسل تحریک اور قوت اور تاریخی طور پر منظم اظہارات کا سلسلہ ہے۔ ادب کو تجربات کی رقص گاہ کہا گیا ہے۔ اس میں اظہار کیلئے نظم اور نثر کے سانچے ہوتے ہیں لیکن یہ سانچے اصول اور قانون کے ماتحت ہوتے ہیں۔ اصول اور قانون کا تسلسل کلاسیکیت کی طرف لے جاتا ہے۔ بارہویں صدی میں اصول اور قواعد سے عبارت کلاسیکیت متاثر ہوئی اس کا محور اور مرکز ارسطو تھا۔ یہ لوگ عقل و شعور و منطق پر زور دیتے تھے توازن اور مخصوص قسم کی روایات کی پاسداری ان کے یہاں اہم تھی۔ کلاسیکیت کی اصطلاح انیسویں صدی میں رائج ہوئی۔ یوروپی کلاسیکیت میں وحدت، توازن، شائستگی، ہئیت پر زور، سلامت روی، اظہار کی صحت مندی اور روایات کی پاسداری پر زور دیا جاتا تھا۔

ٹی ایس، ایلیٹ نے کلاسیک کی تعریف اس طرح کی ہے کہ کامل کلاسیک وہ ہے جس میں کسی قوم کی ساری صلاحیتیں اور سارے جوہر (خواہ وہ سب ظاہر نہ ہوتے ہوں) پوشیدہ ہوتے ہیں اور یہ صرف ایسی زبان میں ظاہر ہوسکتے ہیں جس میں سارے جوہروں کو سمیٹ لینے کی صلاحیت ہو۔ یہ صلاحیت اردو ادب میں بھرپور طور پر سے موجود ہے۔ اردو ادب میں کلاسیکی روایات کی بازیافت کے عمل کو سمجھنے سے پہلے مندرجہ ذیل نکات پیش نظر رکھنا چاہیئے۔

ا۔ جامعیت۔ ۲۔ اصول وضوابط کی پابندی۔ ۳۔ تزئین و آرائش۔ ۴۔ ادبی روایات کی پاسداری۔

اس آخر نکتہ کے سلسلہ میں یہ عرض کرتا ہے کہ روایت میں توسیع اور امکانات کی تلاش اور تجربے کی گنجائش ہمیشہ رہتی ہے لیکن جب روایت سے انحراف ہوتا ہے تو تجربہ "ایجاد بندہ' بن کر رہ جاتا ہے جس طرح ہندوستان کے دستور اساسی میں ترمیم ہوتی رہتی ہے لیکن اس کا بنیادی ڈھانچہ نہیں بالا جا سکتا بالکل اسی طرح ادب میں بھی ہئیت اور اسلوب کے اعتبار سے تبدیلی ہوتی رہتی ہے اور ہوتی رہے گی لیکن نظم نثم (ن ث م) نہیں بن سکتی یہ ممکن ہے کہ شعر میں قافیہ نہ ہو لیکن مشاعری آہنگ، ترنم یا ارکان کے توازن سے بے نیاز ہوگئی تو وہ کوئی اور شیئے ہوسکتی ہے شاعری نہیں۔

کچھ عرصہ تک شعری اظہار میں تجربات نے نثری نظم، آزاد غزل، ہائیکو، ترائیلے، سانیٹ کو جنم دیا تھا مگر یہ تجربہ اردو کیلئے نیا تھا اور اسکی تہذیبی روایت سے ہم آہنگ نہ تھا اس لئے زندہ نہ رہ سکا وہ تمام افراد جو مغربی زبان میں سوچ کر اردو میں لکھتے تھے اور میر کو سوٹ اور غالب کی کلاہ پا اتار کر فیلٹ ہیٹ پہنانے پر مصر تھے اگر چہ انھیں اس کا احساس تھا کہ شبلی، کیٹس کی پیشانی پر تلک نہیں لگایا جا سکتا اور ورڈس ورتھ کے سر پر عمامہ

باندھنا مشکل ہے۔ دراصل ادب اور شعر اپنی کلاسیک سے بغاوت نہیں کرسکتے اگر قبولیت حاصل نہیں ہے تو کوئی تجربہ زندہ نہیں رہ سکتا اس لئے نو آبادیاتی نظام فکر نے ایک طویل عرصہ تک اردو ادب کو بھی اس کی جڑوں سے دور رکھنے کی کوشش کی۔ حالی کی پیروی مغربی کی تفہیم نہ ہو سکی اور مغربی معیاروں پر ادبی تنقید شروع ہوئی لیکن جلد ہی یہ اندازہ ہوا کہ مغرب کے نہاں خانوں میں اندھیرا ہی اندھیرا ہے۔ چنانچہ تنقید میں روایت کی بازیافت یوں شروع ہوئی کہ سوسیر، باختن سن، رولاں، بارتھ اور دریدا کے ایوانوں کی سیر کرنے کے بعد جلوہ دانش فرنگ سے خیرہ نگاہیں مشرق کے لالہ زاروں کے سنسکرت، فارسی، عربی افکار کی چھاؤں میں پناہ لینے پر مجبور ہوئی ہیں۔

وہ لوگ جو بات بات پر جارج، آر دیل، سیموئل بیکٹ، ایڈمنٹ، دلسن اور اسی قبیل کے سامعہ شکن ناموں سے اپنی بزم تحریر کو سجایا کرتے تھے انہوں نے بھی وقت پر آنکھیں کھولیں اور یہ خیال آیا کہ اپنی کلاسیکی روایات کی بازیافت میں وہی لذت ہے جو گھر کے کھانے میں ہوتی ہے اس لئے علم عروض کی قدر و قیمت سے واقف کرایا گیا کہ آہنگ اور بیان کیلئے بحر کی شناوری ضروری ہے اگر اس سے بے بہرہ ہے تو ڈوب جائے گا" میر کی قوت حاسہ کو محدود' کہنے والے کے سجادہ نشین نے میر کے شعر شعور انگیز جمیں ملاحت کی تلاش کر لی اور اس کا لحاظ بھی رکھا کہ میر جن تہذیبی روایتوں کی علامت تھے ان کی نشاندہی بھی ہو سکے یہ احساس ہوا کہ ٹیمز، سین، والگا، ڈینیوب سے کہیں زیادہ مٹھاس گنگا، کاویری، جمنا، گومتی، راوی کے پانی میں ہے۔

جدید نقاد نے ساری دنیا کی سیر کی۔ تھیوری اور نظریہ بنایا۔ رد تشکیل کے کے تصورات سے آشنا کرایا تھا لیکن حالی اور آزاد کے بعد سے ایسا لگتا تھا جیسے عملی تنقید جدید افکار کی بھول بھلیوں میں گم ہو گئی لیکن اپنی تہذیبی اقدار کی بازیافت کے تصور نے عملی

تنقید کی طرف پھر متوجہ کیا۔ خصوصاً الفاظ کی اہمیت پر زیادہ توجہ دی گئی شعر کی پرکھ میں ابن قتیبہ کا یہ مشعل راہ رہا کہ الفاظ اور معنی دونوں اچھے ہوں اور عملی تنقید کرتے ہوئے تشبیہ، استعارہ، پیکر، تخلیل، علامت اور اساطیری پہلو کے ساتھ زبان کی طرف بھی توجہ دی جانے لگی۔ ساتھ ہی ساتھ معنی کی مختلف سطحوں اور تعقید اور معہود ذہنی بھی معرض بحث میں آنے لگے اسی سب کا نتیجہ یہ ہوا کہ آج اردو تنقید میں جو شمسی توانائی ہے وہ روایت کی بازیافت کا ہی فیضان ہے۔

تنقید کے ساتھ اصناف میں بھی کلاسیکی روایت کی بازیافت ملتی ہے۔ خصوصاً غزل میں جب پیاس، پانی، صحرا، کانٹے، آبلے، گلی، کوچہ شہر بے چراغ میر شہر کی پگڑی جیسی ترکیبیں نظر آئیں تو یہ خیال ہوتا ہے کہ ممکن ہے ان ترکیبوں کے پس منظر میں دور حاضر کے طرز زندگی کا کرب و تشنج ہو مگر یہ بھی تو سچ ہے کہ یہ الفاظ اور ترکیبیں ہماری شعری روایتوں کی ایسی وراثت ہے جو نسلوں سے چلی آرہی ہے۔ ایسے ہر لفظ کا استعمال جس میں ہماری تہذیب کا آرکی ٹائپ ہے وہ ہمارا بیش قیمت سرمایہ ہے اس کی بازیافت ضرب شمشیر کی طرح نو آبادیاتی فکر کی زنجیر کاٹتی ہوئی نظر آتی ہے۔ میر، شاہ حاتم، سودا، ناسخ، میر درد، سودا کی زمین میں غزلیں لکھی جارہی ہیں۔ جرات کے انداز میں قصیدہ شہر آشوب پڑھنے کو ملتا ہے۔ جن کی تخیل سمندروں میں غوطہ زن تھی ان کیلئے اب زمین فرش ہے اور آسماں محراب، اردو کے بہت بڑے ترقی پسند شاعر اپنا سجع لکھ رہے ہیں شاعری میں اس طرح روایت کی بازیافت کا عمل اب تیز تر ہو رہا ہے۔ غزل گو شعراء کے یہاں اب صناعی بھی ملتی ہے لیکن سب سے اہم پہلو لہجہ میر کی بازیافت ہے۔ چنانچہ اب وہی غزل اچھی ہوتی ہے جو میر کی غزل میں جیسی لگتی ہے وہ عمل جو فراق گورکھپوری نے شروع کیا تھا بہت دنوں تک والگا اور کوہ قاف کے سامنے دبا سا رہا لیکن پھر اپنی ہمالیائی عظمتوں اور گنگا

جیسی معصومیت کے ساتھ اس طرح ابھرا کہ اپنے سائے سے ڈرنے والے میر کی گلی کی طرف چل پڑے ہمارے عہد کا یہ سب سے بڑا کارنامہ ہے کہ لہجہ میر کی بازیافت ہوئی۔

مرثیہ میں روایت کی پاسداری تو چلتی رہی لیکن نئے مرثیہ کا رنگ و آہنگ بھی اب اس نکتہ سے باخبر معلوم ہوتا ہے کہ خال سیہ چہرہ گل رد کیلئے ہوتا ہے۔ تیرگی بد سہی لیکن گیسوؤں کیلئے نیک ہوتی ہے چنانچہ مرثیہ نئے جہات اور امکانات کے ساتھ کلاسیکی روایات کا امین دپاسدار آج بھی ہے۔

نثر کی دنیا میں افسانے اور ناول پڑھتے ہوئے یہ احساس ہوتا ہے کہ تہذیبی جڑوں کی تلاش ان کا محبوب موضوع ہے۔ "آگ کا دریا ہو یا ایوان غزل 'بارش سنگ ہو یا چہرہ بہ چہرہ روبرو، سب میں ایک ہی آواز ابھرتی ہے۔ ہماری تہذیب، ہماری اقدار حیات یہ تھی اور یہ ہے مثلاً راجا گدھ، میں رزق حلال و حرام کی بحث، گدھ کی نحوست اور دوسرے روحانی اقدار کی بازیافت ہے، دشت ہوس، میں منصور حلاج اور چہرہ بہ چہرہ رد برد، میں قرۃ العین طاہرہ سے خصوصی انداز میں ملاقات ہوتی ہے " دو گز زمین ' میں تقسیم کے کرب کی یاد ہے " خواب رد" پڑھتے ہوئے تو ایسا لگا تھا جیسے کراچی میں لکھنؤ آباد ہے۔ مرزا نہیں لکھنوی تہذیب کا متحرک آئینہ ہے۔

ناولوں میں کہیں ہماری تاریخ ہے اور کہیں تاریخ کے نازک موڑ کا تذکرہ ہے کہیں نو آبادیاتی نظام کی علامت اس اجنبی سفید ہاتھ کا تذکرہ ہے جس نے تہذیبی بہاؤ کے دھارے میں سیاسی دیواریں بنا دیں اور کہیں وہ المیہ بھی ہے جس میں ناخون گوشت سے جدا دکھائی دیا۔ اور وحدت کو تثلیث بنا دیا گیا تقسیم کا المیہ اسی کا کرب اسی کا درد ہماری روایات کا جزو بن چکا ہے وہ ناولوں بھی نظر آیا۔

اس طرح افسانوں میں " زرد کتا" ہو یا " نمک " " سوا نیزے پر سورج " ہو یا اسی

طرح کے اور افسانے سب میں تہذیبی روایت کی جھنکار سنائی دیتی ہے طرز تحریر میں بھی داستانوں اور اساطیری قصوں کے بیانیہ پر اب زیادہ توجہ دی جارہی ہے۔ کلاسیکی روایت کی بازیافت کا صرصر اردو تک محدود نہیں ہے بلکہ دوسری زبانوں میں بھی ہوگا ان زبانوں کے ادب سے اپنی کم علمی کی بنا پر آگاہی اور واقفیت نہیں ہے البتہ جس طرح اردو میں گیت، دوہے کہے جارہے ہیں اسی طرح تلگو میں سی نرائن ریڈی غزل لکھ رہے ہیں اور ڈیگمبر شاعری اپنی انقلاب آفرینی کی وجہ سے کلاسیکی روایت کی طرف متوجہ ہے جہاں تک شعری جمالیات کا سوال ہے ہندی اردو سے قریب ہے وہاں غزل اور رباعی لکھ کر مشترکہ شعری روایات کی بازیافت ہو رہی ہے۔

پروفیسر جعفر رضا نے خبر دی ہے کہ ہندی میں کلاسیکی روایات اور تہذیبی جڑوں کی تلاش کا عمل جاری ہے انھوں نے تفصیل سے یہ بتایا کہ ہندی کی ادبی روایت سدا سے اپنی سانسکرتک پرم پرا سے جڑی رہی ہے ہو سکتا ہے کہ کہیں احیاء پسندی کی دو ایک مثالیں مل جائیں لیکن بحیثیت مجموعی ہندی اپنی زبردست ادبی تہذیبی طاقت کے سہارے وقت کی پڑی ہوئی گرد کو ہٹا رہی ہے۔

یہ سرسری جائزہ صرف کچھ نکات کی نشاندہی کرتا ہے ورنہ سچ تو یہ ہے کہ اس موضوع کا ہر ذیلی عنوان ایک تحقیقی کتاب کا متقاضی ہے۔ مثلاً ہندوستانی کلاسیکی روایت کی بازیافت اور معاشرت، رقص یا موسیقی یا فن تعمیر یا مصوری یا ادب میں شاعری، ناول نگاری یا افسانہ وغیرہ وغیرہ اس صداقت کا اعتراف بھی ضروری ہے کہ اپنے تسلسل کی وجہ سے بہت سی روایات برقرار اور باقی رہیں اور آج بھی زندہ و تابندہ ہیں ان کی بازیافت کی ضرورت پیش نہیں آئی ایک ہی آرزو یا تمنا ہے کہ کچھ ایسے ہی روایات ہیں جن کی بازیافت کا تذکرہ نہ ہو تو بہتر ہے اس لئے کہ بازیافت اس کی ہوتی ہے جو ماضی کی چیز بنا

جائے۔ ہندوستان کی تاریخ میں باہمی احترام وسیع النظری مذہبی رواداری، کثرت میں وحدت اور رنگا رنگی میں یک رنگی، اگر کبھی ماضی کی تاریخ بن کر رہ گئی اور وقت کے کسی موڑ پر ہندوستانی کو ان کی بازیافت کی فکر ہوئی تو شاید پھر یہ کبھی نہیں کہا جا سکے گا کہ۔

سارے جہاں سے اچھا ہندوستاں ہمارا!

(۱۲) غالب اور اٹھارہ سو ستاون

اقبال نے کہا تھا

قوم گویا جسم ہے، افراد ہیں اعضائے قوم
منزل صنعت کے رہ پیما ہیں دست و پائے قوم
محفل نظم حکومت، چہرہ زیبائے قوم
شاعر رنگیں نوا ہے دیدہ بینائے قوم
مبتلائے درد کوئی عضو ہو، روتی ہے آنکھ
کس قدر ہمدرد سارے جسم کی ہوتی ہے آنکھ

اردو کا شعری مزاج یہ رہا ہے کہ قوم کے تلوے میں کوئی کانٹا، چبھا تو اس کی کھٹک اور چبھن شاعر نے اپنے دل میں محسوس کی۔ اردو کا شاعر اس دیس کی مٹی سے کبھی بے نیاز نہیں وہ جہاں کہیں سے آیا ہو جب ہندوستان کی سرزمین پر آگیا تو پھر یہیں کا ہو کر رہ گیا۔ ایک مکمل ہندوستانی بن کر۔

غالب کے دادا مرزا قوتان بیگ خاں ۱۷۵۴ء میں دہلی آئے۔ ۱۷۶۲ء میں شادی ہوئی، شاہ عالم کے توسط سے مغلیہ سلطنت کی وفاداری کی سند ملی نجف خاں کے ساتھ رہے۔ عبداللہ بیگ خاں ۱۷۶۵ء میں پیدا ہوئے اور ۲۷ ڈسمبر ۱۷۹۷ء میں عبداللہ بیگ خاں کے یہاں جو لڑکا پیدا ہوا اس کا نام محمد اسداللہ خاں بیگ رکھا گیا اور وہ تاریخ میں مرزا غالب کے نام سے معروف ہوا۔ غالب ۱۸۱۰ء تک آگرہ میں رہے۔ ۱۹/ اگست ۱۸۱۰ء کو دہلی میں آئے اور ۱۸۱۳ء سے مستقل سکونت اختیار کی۔

اس مختصر سی داستان میں کہیں تلخیاں نہیں ہیں۔ پنشن ہے اور سسرال سے بھی معاشی فراغت کے سامان میسر ہیں اس عہد کے رئیس زادوں کی طرح زندگی گذر رہی ہے اخراجات زیادہ آمدنی اس کے مطابق اور ہم آہنگ نہیں اس لئے کلکتہ کا سفر کیا کامیابی نہ ہوئی قرض کے سلسلے میں ایک انگریز شراب فروش بیک فرسن کی ناش پر پکڑے گئے نواب امیر الدین خاں نے پیسہ دے کر رہائی دلائی۔ ۱۸۴۱ء میں جوا کھیلنے کے جرم میں پکڑے گئے جرمانہ ہوا جو ادا ہوا۔ ۱۵ نومبر ۱۸۵۴ء ذوق کے انتقال کی تاریخ ہے اس کے بعد غالب بہادر شاہ ظفر کے استاد ہوئے۔ ۱۱ مئی ۱۸۵۷ء کو دہلی میں میرٹھ سے فوجیں آئیں اور ۱۹ / ستمبر کو بہادر شاہ ظفر نے خود سپردگی کا اعلان کر کے لال قلعہ یعنی دہلی، یعنی ہندوستان کی مرکزیت انگریزوں کے حوالے کر دی۔

غالب کی دنیا بہت محدود ہی انھوں نے بھرت پور، رام پور، کلیتہً دیکھا تھا حیدرآباد کا نام جانتے تھے مگر کبھی دکن کی طرف گئے نہیں دہلی آئے تو ان کی زندگی جامع مسجد، چاندنی چوک لال قلعہ، جمنا کا پل اور دہلی کے کچھ گلی کوچوں تک رہی لیکن اس دائرہ میں انھیں زندگی رنگین بہار کی طرح نظر آتی رہی اسی دہلی میں چاہے پھول والوں کی سیر ہو رقص ماہتابی ہو یا ساز طرب کا نغمہ دلکش ہو وہ سب انھیں ملا تھا۔ اچانک جب ۱۱ مئی کو آزادی کے شعلے بھڑک اٹھے تو غالب نے خود کو اس آگ سے الگ رکھنے کی کوشش نہیں کی۔ گوری شنکر اور جیون لال نے اپنے روزناچوں میں اس سکے کا ذکر کیا ہے جو غالب نے کہہ کر دیا تھا اور غالب اس کی صفائی تو ضرور دیتے رہے مگر اس صفائی میں بھی ایک طرح کا اعتراف پوشیدہ تھا لکھتے ہیں۔

"میں نے سکہ کہا نہیں اگر کہا تو اپنی جان اور حرمت بچانے کو کہا
یہ گناہ نہیں اور اگر گناہ ہے بھی تو کیا ایسا سنگین کہ ملکہ معظمہ کا

اشتہار بھی اس کو مٹا نہ سکے'۔

غالب دربار میں بھی حاضری دیتے رہے اور اس حد تک معاملات سے باخبر تھے کہ حکم احسن اللہ پر حملے کے سلسلے میں لکھتے ہیں۔

" حکیم احسن اللہ خاں طرفدار اور بہی خواہ انگریزوں کا ہے ان کے اور باغی سرغنوں کے مابین (نفاق) کی آگ بھڑکاتا (آخر) ایک دن وہ بدنیت (حکیم صاحب جیسے) مرد فرزانہ کے قتل کی نیت سے ان کی حویلی پر چڑھ آئے۔ عزت مآب (حکیم صاحب) چونکہ اس وقت قلعے میں بادشاہ کی خدمت میں تھے اس گروہ کے چند شوریدہ سر قلعے پہونچے اور ان کو گھیر لیا۔ خداوندے بندہ نگہدار نے بہ کمال مرحمت و کرم، خود کو ان پر ڈال دیا تب اس نازک وقت میں ان کی جان بچی۔ اگرچہ ان کی جان کو کوئی گزند نہ پہونچا لیکن یہ فتنہ نار واجب تک ان کے خاندان کو برباد نہ کر چکا، نہ دبا، ان کا محل نگار خانہ چین کی طرح خوشنما اور آراستہ تھا (مفسدوں نے) لوٹ لیا اور محل کی چھت میں آگ لگا دی، ہر شہتیر اور ہر تختہ جو اس چھت میں، انگوٹھی کے نگینے کی طرح جڑا ہوا تھا، خاکستر ہو کر ڈھیر ہو گیا دیواریں دھوئیں سے سیاہ پڑ گئیں، جیسے محل خود اپنے نام ماتم میں سیاہ پوش ہو گیا ہو۔'

لیکن اس طرح کی شورش کے قبل دہلی کی گلیاں آباد تھیں کوچے چھلے پڑتے تھے۔ اہل علم کی حویلیوں میں دیوانخانے علمی مباحث سے گونجتے رہتے تھے۔ ۱۱۹ مدرسوں والی دہلی میں ایسی خانقاہیں اور درگاہیں تھیں جہاں پانچ سو سے زیادہ فقراء کو روز لنگر ملتا تھا۔ دہلی فلک زمین ملائک جناب تھی، لاجواب تھی اور سوا سو برس کے عرصے میں کئی بار لٹنے کے باوجود پھر جوان و خوبصورت ہو گئی تھی اور اس کی آبادی ۱۸۰۳ء میں دو لاکھ اور ۱۸۵۶ء میں تین لاکھ ہو گئی تھی۔ اس پس منظر میں غالب

سے حساس شاعر نے نہ صرف اس درد کو محسوس کیا بلکہ مولانا ابوالکلام آزاد کے لفظوں میں

" ممکن نہ تھا کہ مرزا غالب جیسے غم دوست شاعر نے یہ سب کچھ دیکھا ہو اور اس کے دل و جگر کے ٹکڑے ٹکڑے نہ ہو گئے ہوں'

غالب نے دل کا اس طرح مرثیہ نہیں لکھا جس طرح شیخ سعدی نے دمشق کا مرثیہ لکھا، اس لئے کہ غالب کا مزاج مذاق اڑانے والا تھا وہ اس کے قائل تھے کہ غم، حیات کیلیئے ناگزیر ہے بند غم کے بغیر زندگی بے معنی ہے وہ آخری لمحے تک تاب ستیزن رکھنے کے باوجود ہنستے ہی رہنا چاہتے تھے لیکن یہ ممکن نہ ہو سکا۔

ان کی کچھ تحریریں دیکھیئے کہیں بھی غم ذات نہیں ہے مگر غم کی یورش پیہم کا تذکرہ ضرور ہے۔ پہلے تو بھائی کی موت کا تذکرہ سن لیجیئے لکھتے ہیں۔

۱۹/اکتوبر کو یہی پیر کا دن جس کا نام ہفتے کے دنوں کی فہرست سے کاٹ دینا چاہیئے ایک سانس میں آتش فشاں اژدہے کی طرح دنیا کو نگل گیا اس دن کے پہلے پہر میں وہ افسردہ، رولیدہ مو دربان، بھائی کے مرنے کی خبر لایا۔ کہتا تھا کہ وہ گرم رفتار راہ فنا پانچ دن تک تیز بخار میں جلتا رہا اور رات کے وقت بارہ بجے توسن عمر کی اس تنگنائے سے کورا لے گیا۔ آب آبچیں سے در گزر، غسال اور گور کن کو نہ ڈھونڈ سنگ و خشت کا نہ پوچھ! چونے گارے کی بات نہ کر اور مجھے بتا کہ کیوں کر جاؤں میت کو کہاں لے جاؤں میت کو کہاں لے جاؤں اور کس قبرستان میں سپرد خاک کروں۔ بڑھیا سے بڑھیا کپڑے سے لے کر گھٹیا کپڑے تک بازار میں کچھ نہیں بکتا ہندو یہ کر سکتے ہیں کہ مردے کو دریا پر لے جائیں اور پانی کے کنارے سپرد آتش کر دیں۔ مسلمانوں کی کیا مجال کہ دو تین ایک دوسرے کے ساتھ کاندھے سے کاندھا ملا کر کسی راستے سے گذر جائیں، کہاں کہ میت کو باہر لے

جائیں۔ پڑوسیوں نے میری تنہائی پر رحم کیا اور سرانجام کار پر کمربستہ ہوئے۔ پٹیالے کے سپاہیوں میں سے ایک کو آگے آگے اور میرے نوکروں میں سے دو کو اپنے ساتھ لے کر گئے، لپٹیا، ایک مسجد میں جو مکان کے پہلو میں تھی زمین کھودی، مردے کو وہاں رکھا اور گھڑے کو مٹی سے پاٹ کر لوٹ آئے۔

یہاں صرف بھائی کی موت کا تذکرہ نہیں ہے کچھ زیریں لہریں ہیں اس پر غور کیجئے،

"مسلمانوں کی کیا مجال کہ دو تین ایک دوسرے کے ساتھ کاندھے سے کاندھا ملا کر کسی راستے سے گذر جائیں'

اس سے اندازہ ہوتا ہے کہ دلی شہر میں ۱۹ / اکتوبر کو یعنی سقوط دہلی کے تقریباً ایک مہینہ بعد مسلمانوں کی کیا حالت تھی مسلمانوں کی حالت کے سلسلے میں ایک جگہ لکھا ہے کہ دلی شہر میں ایک ہزار مسلمان رہ گئے تھے لکھتے ہیں۔

اس شہر میں قید خانہ شہر سے باہر ہے اور حوالات شہر کے اندر ان دونوں جگہوں میں اس قدر آدمیوں کو جمع کر دیا گیا ہے کہ معلوم ہوتا ہے ایک دوسرے میں سمائے ہوئے ہیں ان دونوں قید خانوں کے ان قیدیوں کی تعداد جنہیں مختلف اوقات میں پھانسی دیدی گئی ملک الموت جانتا ہے مسلمان شہر میں ایک ہزار سے زیادہ نہیں ملیں گے۔

اس سلسلے میں ۱۸۵۷ء کا یہ قطعہ بھی ملاحظہ ہو۔

مسلمانوں کے معلیوں کا ہوا قل
بچے ہے جوگ مایہ اور دیبی
نشاں باقی نہیں ہے سلطنت کا
مگر ہاں نام کو اورنگ زیبی

حالانکہ ۱۸۵۷ء کے بعد دلی کی بربادی کا تذکرہ مختصر الفاظ میں ہے اور مئی سے ستمبر

تک دلی میں بدامنی کا تذکرہ زیادہ تفصیلی ہے لیکن اس میں اثر نہیں ہے بلکہ کہیں ہیں تو ایسا معلوم ہوتا ہے جیسے کوئی تاریخ نگار ایمانداری سے حالات کو درج کر رہا ہے۔ باغیوں کیلئے لکھتے ہیں۔

" جہاں جہاں سے چلے ہیں انھوں نے قید خانوں کے دروازے کھول دیئے ہیں پرانے پرانے

قیدی جنہیں نئی نئی آزادی ملی تھی آئے دیوان خاص میں بادشاہ کو سجدہ تعظیم کیا اور کسی علاقے کی صوبہ داری چاہی'۔

غالب کے اس بیان سے ظہیر دہلوی کے بیان کی نفی ہوتی ہے

'باغی افواج دیوان خاص میں گھس آئے تھے اور ایک پوربیا دھوتی بندھی ہوئی سر پر ایک انگوچھا لپٹا ہوا بادشاہ کو سلام کر کے پاس چلا آیا بادشاہ کا ہاتھ پکڑ کر کہنے لگا سنو بڑھؤ ہم نے تمھیں بادشاہ کیا'

البتہ ظہیر کی طرح غالب بھی بادشاہ کے وفادار ہیں لکھتے ہیں۔

"بادشاہ کو فوجوں نے اپنے حلقہ میں لے لیا یہ ایسا تھا جیسا چاند کو گہن لگ جاتا ہے'

غالب نے باضابطہ ان لوگوں کے نام لکھے ہیں جو بادشاہ کے پاس پا غائبانہ سجدہ تعظیم بجالائے انہیں نواب رام پور کا نام خصوصیت سے حیرت کے ساتھ درج کیا ہے۔

غالب نے ۱۳/ ستمبر کو اودھ کے ایلچی کا ذکر کیا ہے دو سبک رفتار گھوڑے دو کوہ پیکر ہاتھی ایک سو اکیس اشرفیاں اور ایک زریں تاج انواع و اقسام کے نایاب موتیوں سے مرصع نذر گزرانہ اور ایک جوڑ بازو بند ہیرے جڑے ملکہ کیلئے محل میں پہونچائے۔ غالب نے اس ایلچی کو سبز قدم کیا ہے اس لئے کہ دوسرے ہی روز،

"ستمبر کی چودھ تاریخ تھی پہاڑی کے سایہ نشینوں نے اس دبدبہ کے ساتھ کشمیری

دروازے پر یلغار کی کہ کالوں کی فوج کو بھاگے بغیر چارہ نہ رہا'

اودھ کے ایلچی کو سبز قدم کہنے سے یہ تو معلوم ہی ہو جاتا ہے کہ غالب کی ہمدردیاں باغیوں کے ساتھ تھیں اس لئے کہ سبز قدم اس کو کہتے ہیں جس کی وجہ سے کام بگڑ جائے یعنی جو کام تھا وہ ٹھیک تھا اب جو انگریزی فوج نے حملہ کیا تو جو کچھ کیا وہ غالب کے مخصوص انداز میں دیکھئے۔

" غضبناک شیروں نے جب سے شہر میں قدم رکھا ہے بے نواؤں کے قتل اور آتش زنی کو اپنے لیئے روا رکھا ہے جو علاقہ بزور جنگ لیا جائے وہاں کے لوگوں پر اسی طرح زندگی تنگ کر دی جاتی ہے اس کھلم کھلا قہر و غضب اور بغض و خصومت کو دیکھ کر خوف سے سب کے چہروں کا رنگ اڑ گیا۔ غالب نے انگریزوں کو غضبناک شیر ضرور کہا ہے لیکن یہ شیر بے نواؤں کے قاتل ہیں اور ان کے دل میں بغض بھرا ہوا ہے اور انھوں نے آتش زنی کو جائز کر لیا ہے شہر کا کیا حال ہوا ہے اس کیلئے خطوط لے جستہ جستہ اقتباسات ملاحظہ ہوں۔

" یہاں کا حال سن لیا کرتے ہو اگر جیتے رہے اور ملنا نصیب ہوا تو کہا جائے گا ورنہ قصہ مختصر، قصہ تمام ہوا لکھتے ہوئے ڈرتا ہوں'

اس دور میں بھی مخبر، جاسوس اور سنسر شپ کی کوئی نہ کوئی شکل ضرور تھی اگر مکمل طور سے انگریزوں کے ہوا خواہ ہوتے یا تو واقعات کی چبھن کو محسوس ہی نہ کرتے یہی سوچتے غدار تھے، نمک حرام تھے مارے گئے لیکن وہ تو ماتم شہر آرزو کرتے نظر آتے ہیں۔

۲۶/ ڈسمبر ۱۸۵۷ء کے ایک خط میں حکیم غلام نجف خاں لکھتے ہیں۔

" انصاف کرو، لکھوں تو کیا لکھوں، کچھ لکھ سکتا ہوں یا لکھنے کے قابل ہے۔ بس اتنا

ہی ہے کہ اب تک تم ہم جیتے ہیں زیادہ اس سے نہ تم لکھو گے نہ میں لکھوں گا'۔

اس سے اندازہ ہو جاتا ہے کہ کس طرح زبان و قلم پر پہرے بیٹھے تھے لکھنا بہت کچھ چاہتے تھے مگر کچھ لکھو نہ سکے کہیں کہیں صبر نہ کر سکے اور لکھنے پر مجبور ہو گئے اس میں جان و مال و ناموس، مکان و مکیں آسمان و زمین، آثار و ہستی سر اسر لٹ گئے۔

" معزول بادشاہ کے ذکور میں جو بقیہ اسیف ہیں وہ پانچ پانچ روپیہ مہینہ پاتے ہیں اناث میں سے جو پیرزن ہیں وہ کٹنیاں اور جوانیں کسبیاں'

ایک جگہ لکھتے ہیں " صورت ماہ دو ہفتہ کی سی اور کپڑے میلے پائچے لیر لیر جوتی، ٹوٹی'

اور یہ بیگمات۔ قلعہ کا حال ہے

کسی بھی حساس دل کے لئے دوماہ دو ہفتہ کو شہر کی سڑکوں پر لیر لیر کرتے دیکھنا زخم مگر کے کرب میں اضافہ ہی کرنا تھا ایک شخص جو ابھی کچھ دنوں پہلے تک دنیا کو بازیچۂ اطفال کہتا تھا (۱۸۵۷ء کی غزل) وہ اب شب و روز ایسے تماشے دیکھ رہا ہے جو کہ خود اپنی ذات بھی اس سے صبرا نظر نہیں آتی ایک دن تھا کہ چالیس پچاس ہزار کا قرض شان امارت سمجھا جاتا تھا اور ایک دن یہ ہے کہ آٹھ سو روپئے کے قرض سے پریشان ہو کے ایسے شعر کہنے پڑ رہے ہیں۔

بادشاہ یہ مقدمہ چل رہا تھا لکھتے ہیں

" اور یہ جو بادشاہ اور بادشاہ زادوں کا انجام جسے فتح شہر کی داستان کا دیباچہ بننا چاہئے تھا میں نے پہلے نہیں لکھا اس کی وجہ بھی یہی ہے کہ اس تحریر میں میرا سرمایہ بیان شدہ باتیں ہیں اور ناشنیدہ باتیں ابھی اور بہت باقی ہیں'

یہاں ناشنیدہ کی ترکیب ہزارہا کہانیاں کہہ جاتی ہے۔

آگے چل کر لکھتے ہیں۔

"شہزادوں کے متعلق اس سے زیادہ نہیں کہا جا سکتا کہ کچھ بندوق کی گولیوں کا زخم کھا کر موت کے اژدھے کے منہ میں چلے گئے اور کچھ کی روح پھانسی کی رسی کے پھندے میں ٹھٹھر کر رہ گئی کچھ قید خانوں میں ہیں اور کچھ آوارہ روئے زمیں، ضعیف وناتواں بادشاہ پر جو قلعے ہیں بند ہے مقدمہ چل رہا ہے'۔

ایک خط میں لکھتے ہیں۔

(معزول بادشاہ کے ذکور)

بوڑھا ہوا ہوں قابل خدمت نہیں اسد

خیرات خوار محض ہوں نوکر نہیں ہوں میں۔ ۱۸۴۴ء

یہ حالات کا جبر تھا کہ انہیں رام پور میں ایسے اشعار کہنے پڑے ورنہ کہاں غالب اور کہاں نواب کی آستاں بوسی، مگر تعلقات اتنے بڑھ چکے تھے اور حالات اس قدر بگڑ چکے تھے کہ ۱۸۵۵۔۵۶ میں غالب نے جو خطوط لکھے تھے وہ ضائع کرا دیئے اور ان کی ہدایت کے مطابق وہ سارے خطوط جلا دیئے گئے۔

یہ کوئی ایسی بات نہیں ہے کہ آج کے دور کا آدمی حیرت زدہ ہو عام طور سے بیشتر ممالک میں بھی خود ہندوستان میں بھی انقلابی تحریکیں ے ناکامی سے ہمکنار ہوئی ہیں تو خطوط، دستاویزات یا اس طرح کے جتنے ثبوت ممکن تھے انہیں نذر آتش کر دیا گیا۔ اور یہی ایک واقعہ ایسا ہے "جو نیش خوار"" وظیفہ خوار' اور انگریزوں کے وفادار، مداح، مرزا اسد اللہ خاں اسد عرف غالب کے انقلابی مجاہد ہونے کی طرف اشارہ کرتا ہے۔

سلکہ کہا تھا بادشاہ کے مقربین خاص میں سے تھے اور نواب رام پور نے یقیناً غالب کی تحریر سے ہی اثر قبول کر کے بہادر شاہ کو پیغام بھیجا، اور اس پیغام اخلاص میں اتنا زور تھا کہ غالب کو یہ سطریں لکھنی پڑیں

"نواب یوسف علی خاں بہادر فرمانروائے رام پور نے پیغام بھیج کر ہم چشموں کی زبان بند کی'

ایسا ہے کہ نواب رام پور کی پوزیشن بھی بچانی تھی اس لئے پیغام سے پہلے رفتار محض ہے اور اس سے قبل نواب کی انگریز دوستی کا نہایت زور و شور حالانکہ نواب یوسف علی خاں کے دل میں مجاہدین کیلئے ضرور نرم گوشے تھے ورنہ وہ منیر، شکوہ آبادی کو جلس دوام کی اذیت سے رہانہ کراتے اور انہیں کالے پانی سے نجات نہ دلواتے ایسا محسوس ہوتا ہے کہ ان واقعات کے پس منظر میں کہیں نہ کہیں غالب موجود ہیں۔ دستاویزی ثبوت جو بھی ہے ہوں گے وہ تو کہہ رہے ہیں۔

"کریدتے ہو جو اب لاکھ جستجو کیا ہے'

لیکن اگر قرائن کی کوئی اہمیت ہے تو مرزا کا خطوط کو جلوانا ان کے مجاہد ہونے کا سب سے بڑا قرینہ معلوم ہوتا ہے۔

غالب ۱۸۵۷ء کے بعد بارہ سال تک زندہ رہے ان کا بہترین کلام وہ ہے جو ۱۸۱۶ء سے ۱۸۳۳ء تک کے درمیان کہا گیا ان کے قصائد ۱۸۵۲-۱۸۵۱ء تک کے ہیں۔ ۱۸۵۲ء میں عارف کے حادثہ نے انہیں ذہنی طور پر شکن بستر بنا دیا" قادرنامہ' ۱۸۵۶ء کا ہے لیکن ۱۸۵۷ء کے بعد پہلا قلعہ ہی ہے جسے بہت نقل کیا گیا ہے صرف چار شعر یہاں درج کئے جاتے ہیں۔

بس کہ فعال ما یرید ہے آج
ہر سلحشور انگلستاں کا
گھر سے بازار میں نکلتے ہوئے
زہرہ، ہوتا ہے آب، انسان کا

چوک جس کو کہیں وہ مستقل ہے

گھر بنا ہے نمونہ زنداں کا

شہر دہلی کا ذرہ ذرہ خاک

تشنہ خوں ہے ہر مسلماں کا

ان چار اشعار میں مرزا نے ۱۸۵۷ء کی پوری تاریخ لکھ دی ہے بقیہ جو کچھ ہے وہ کلام موزوں ہے اس بارہ برس میں جو کچھ کہا گیا ان میں ۹ غزلیں ہیں صرف ایک دو شعر غالب کے انداز کے ہیں۔

ورنہ بقیہ اشعار میں زندہ لاش متحرک نظر آتی ہے تیرہ قلعے، ایک سہرا چار قصیدہ ایک مرثیہ، بیس رباعیات اور کچھ متفرق اشعار ملتے ہیں مگر ان میں وہ غالب نظر نہیں آتا کہ جس کی ہر بات میں سو پھول مہک اٹھتے تھے اس میں اختلاف کی گنجائش ہے کہ انہوں نے اپنے عہد کی متصادم صداقتوں میں کسی ایک سے بھی نظریں نہیں چراتی ہیں بلکہ دونوں کو ان کی پوری کشاکش کے ساتھ قبول کیا۔

ایمان مجھے روکے ہے تو کھینچے ہے مجھے کو

کعبہ رے پیچھے ہے کلیسا میرے آگے

ذاتی خیال یہ ہے کہ وہ کس کشاکش میں نہ تھے "ایمان 'ہی کے ساتھ جمے رہے، اس نئے دور پر نظر ڈالئے تو سر سید احمد خاں، مولانا حالیؔ، ڈپٹی نذیر احمد اور پھر حضرت مولانا قاسم جنہوں نے شاملی کی لڑائی میں انگریزوں کو شکست بھی دی یہ سب لوگ بعد میں سپر اندر رختہ ہو گئے تھے۔

غالب نے نغمہ عندلیب سنا تھا اور انہیں جب مرغ عیسی کی حکمرانی نظر آئی اور وہ غالب جس نے شان سیمر کی فسوں طرازی دیکھی تھی اسے یہ کہنا پڑا تھا۔

"واہ رے بندر یہ زیادتی شہر کے اندر'

وہ اپنے دلی دنیا میں سناٹا دیکھتے رہے لیکن ۱۸۵۷ء کے بعد جدھر نظر اٹھاتے تھے ایسی ویرانی تھی کہ دشت کو دیکھ کر گھر یاد آتا تھا ۲۷ ہزار آدمی مارے گئے تھے زخمیوں کا شمار نہیں جو عزت وناموس بچا کر بھاگ نکلنے میں کامیاب ہو گئے تھے ان کی گنتی نہیں۔

دلی مرد اس گمشدہ تھی جامع مسجد کے مینارے اپنی اداسی دور کرنے کیلیئے دست بدعا تھے جمنا کے پانی میں آنسوؤں کی آب تھی، چاندی چوک کا دیدہ بنا چراغاں، تھا مگر ستون دار پر سروں کے چراغ روشن تھے۔

حواشی

۱۔ غالب دلی سے متعلق بیانات کی۔ڈاکٹر اقتدار حسین صدیقی اور پروفیسر خلیق احمد نظامی کے مضامین مشمولہ تحقیقات سے مستعار ہیں۔

۲۔غالب کا نثری بیان ان کے خطوط اور دستنبو (ترجمہ مخمور سعیدی اردو دنیا)

۳۔ڈاکٹر محمد سبطین کے مقالہ اردو ادب اور اٹھارہ سو ستاون سے بیشتر حصہ مستعار ہے۔

۴۔پروفیسر گوپی چند نارنگ بے نظر اور لاجواب مضمون، غالب کا جذبہ حب الوطنی اور ۱۸۵۷ء اس مضمون کا محرک ہے۔

۵۔غالب کے اشعار کے سنہ واری ترتیب " دیوان غالب کامل نسخہ گپتا رضا سے ہے۔

(۱۳) اتر پردیش میں آج اردو کا موقف

اب لڑکے اردو پڑھ رہے ہیں

جناب عابد علی خاں صاحب اکثر یہ بات کہا کرتے تھے کہ سمپورنانند جی سابق چیف منسٹر اتر پردیش سے اردو کے بارے میں دو ایک مرتبہ گفتگو ہوئی وہ کہا کرتے تھے کہ ۲۵ سال بعد اتر پردیش میں اردو کا خط پڑھنے کیلئے کسی کو تلاش کرنا ہوگا۔ ان کی پالیسی اور ان کا بیان بڑی حد تک درست تھا ایک نسل اردو سے ناواقف ہوگئی ہے حالانکہ کانگریس حکومت نے دو مرتبہ اردو کو ریاست کی سرکاری زبان قرار دینے کا اعلان کیا مگر اب ملائم سنگھ نے اردو سے انصاف کا جو رویہ اپنایا ہے اور خود اردو ربط تحریک اور دینی تعلیمی کونسل کے ذریعہ ہندی، انگریزی کے ساتھ اردو کی تعلیم بھی شروع ہوئی ہے یہ نیا تجربہ اتر پردیش میں اردو کی نشاۃ ثانیہ ہے۔ پروفیسر سید مجاور حسین رضوی گذشتہ ہفتہ حیدرآباد آئے تھے آپ نے سیاست کی درخواست پر یہ مضمون لکھا۔ (ادارہ)

صرف سال بھر پہلے نئی نسل کے طلباء و طالبات سے جب گفتگو ہوتی تھی اور ان سے اردو پڑھنے کے لئے کہا جاتا تھا تو وہ برجستہ کہتے تھے " جناب اردو پڑھ کر کریں گے کیا؟ اور جب انہیں یہ سمجھایا جاتا تھا کہ کچھ بھی پڑھ کر اس عظیم بے روزگاری کے سیلاب میں کروگے کیا تو وہ اس طرح تیوری چڑھا کر دیکھتے تھے گویا یہ کوئی غیر سنجیدہ بات ہے عام طور سے لوگ اس لئے اردو سے ایم اے کرتے تھے کہ بیکاری میں کچھ نہ ہونے سے ایک ڈگری بہتر ہے ایک ایسی نفسیاتی فضاء بنادی گئی تھی جس سے یہ اندازہ ہوتا تھا جیسے اتر

پردیش میں یا تو اردو جاننے والے بالکل ختم ہو گئے ہیں یا دو چار اگر ہیں بھی تو یاد رفتگاں قسم کی شئے ہیں یا شاندار تہذیبی و تاریخی میوزیم میں رکھے مجسمے یا لسانی عجائب گھر کی دلچسپ بولیاں بولنے والے جانور ہیں ایسی فضاء کا لازمی نتیجہ یہ تھا کہ انجمن بازی کا ایک نیا کھیل یا مشغلہ شروع ہوا تھا اور بہت سارے ایسے افراد جنھیں خواہ مخواہ مشورہ دینے کا مرض ہوتا ہے یا جو چونکا دینے والی کوئی بات کہہ کر سوپر سیکولر بننا چاہتے ہیں یا وہ لوگ جو اقتدار کے مرکز کے ارد گرد کسی نہ کسی بہانے اچکتے رہتے ہیں ایسے تمام لوگ جاگ پڑے تھے کہا یہ جا رہا تھا۔

۱۔ اردو کا رسم الخط بدل دیا جائے

۲۔ اردو کو مفرس و معرب نہ رہنے دیا جانے بلکہ اس میں ہندی الفاظ کثرت سے شامل کئے جائیں۔

۳۔ اردو کو ایک کلاسیکی زبان مثلاً عربی، فارسی وغیرہ کی طرح سے اختیار کیا جائے یہ تینوں تجویزیں انتہائی خطرناک تھیں یہ وہ لوگ تھے جو سمجھتے تھے کہ زبان کسی فیکٹری میں ڈھلنے والی کوئی مشین ہے کہ جس کا جو پرزہ جب جی چاہئے بدل دیا جائے انہیں یہ نہیں معلوم تھا کہ زبان کی کونپلیں تہذیب کی دھرتی سے خود پھوٹتی ہیں وہ اپنا رسم الخط اپنا ذخیرہ الفاظ اپنا لہجہ کسی مصنوعی طریقہ کار سے نہیں بناتیں بلکہ تاریخی ارتقاء کا عمل اپنے انجام دیا ہے اسی درمیان کبھی کبھی یہ آواز بھی اٹھتی تھی کہ اردو بدیسی زبان ہے یا مسلمانوں کی زبان ہے۔ دلچسپ بات یہ تھی کہ بڑی شد و مد سے دوسرے اعتراض کا جواب دیا جانا تھا کہ اردو مسلمانوں کی زبان نہیں اس لئے کہ چندر بھان برہمن سے لیکر جگن ناتھ آزاد اور منشی پریم چند سے لیکر جوگیندر پال تک سب غیر مسلم ہیں۔

یہ پس منظر اپنی جگہ پر تھا دوسری طرف عام تعلیمی معیار گرتا جا رہا تھا۔ ایم بی بی

ایس اور انجینئر بننے کا نشہ زبان کی طرف سے عدم توجہی پیدا کر رہا تھا اخبار تو اس لئے پڑھتے تھے کہ اس میں تفصیل سے ملازمتوں کے اشتہار شائع ہوتے تھے۔ٹی وی ملازمتوں کے اشتہار کے معاملے میں کمزور تھا اس عمومی نفسیاء سے بھی اردو متاثر تھی ایسے میں اتر پردیش کی حکومت نے اعلان کیا کہ پندرہ ہزار اردو اساتذہ اور بارہ ہزار اردو مترجمین کی تقرری عمل میں آئے گی۔اس اعلان کا تمسخر کے ساتھ تذکرہ ہوا، مذاق اڑایا گیا یہ کہا گیا کہ خالی وعدوں سے پیٹ نہیں بھرتا۔ ملائم سنگھ نے اپنی تقریر میں کہا تھا کہ اردو کا رشتہ روزی روٹی سے جوڑنا چاہئے۔بڑے بڑے ثقہ ادیب دانشور قسم کے لوگ یہ کہتے تھے کہ زبان بھی بنئے کی دکان بنائی جارہی ہے۔ تجارت کی چیز قرار دیدی گئی ہے لیکن پھر یہ ہوا کہ چھ ہزار ایک سو چھتیس اردو اساتذہ کا تقرر ہوا۔ تین ہزار کا تقرر ہونے جارہا ہے۔پانچ یا چھ ہزار مترجمین کا تقرر ہو چکا ہے سکریٹیریٹ اور اہم دفاتر میں ہندی کے ساتھ ساتھ اردو کے نام کی تختیاں لگ گئی ہیں۔ بہت بڑی تبدیلی یہ آئی ہے کہ پسماندہ پچھڑے ہوئے طبقات کے افراد خود اپنے طور پر اردو سیکھ رہے ہیں۔ پڑھ رہے ہیں۔ گنگا جمنا گومتی گھاگرا سے جو ہوائیں اٹھی ہیں۔ انہوں نے فضاء کو بہت خوشگوار بنادیا ہے جس فضاء میں کبھی زہر بسا ہوا معلوم ہوتا تھا۔اتر پردیش میں اب کوئی یہ نہیں کہتا کہ اردو رسم الخط بدلا جانے کوئی یہ بھی نہیں کہتا کہ اردو میں ہندی الفاظ شامل کئے جائیں اور سب سے بڑھ کے اسکولوں، کالجوں، یونیورسٹیوں میں اب نئے داخلہ لینے والوں کی اکثریت اردو بحیثیت امتیازی مضبوط پڑھ جاتی ہے اور پڑھ رہی ہے۔ الہ آباد یونیورسٹی میں پرو فیشینسی اور ڈپلوما ان اردو کے درجات میں بھیڑ ہے۔پروفیسر جعفر رضا اردو میں کمپیوٹر کا کورس شروع کرنے جارہے ہیں اردو سے ایم اے کرنے والے اور فرسٹ پوزیشن حاصل کرنے والے اجے مالیوہ اور سرجیت سنگھ ہیں اور ناقابل یقین حد تک جامعہ اردو علی گڑھ

کے امتحانات میں شرکت کرنے والوں کی تعداد میں کئی گنا اضافہ ہو رہا ہے۔ دفاتر میں نام کی تختیاں اردو میں لگ رہی ہیں یہ بھی یقینی ہے کہ بہت جلد بسوں پر بھی اردو نظر آئے گی اور اسی طرح کی تبدیلی کا لازمی نتیجہ یہ ہو گا کہ دوکانوں کے بورڈ اور بہت ساری جگہوں پر اردو کا وہ چلن جو کم ہو رہا تھا بڑھے گا۔

یہ وہ چھوٹے چھوٹے نقطے ہیں جن سے ماحول کے چوکھٹے میں اردو کی تصویر کے خدوخال ابھر رہے ہیں وہ تصویر بن رہی ہے جو کسی زندہ متحرک اور فعال زبان کے استعمال کرنے والوں میں ہونی چاہئے۔ اردو کے محبت رکھنے والوں میں اب وہ جھجک نہیں ہے جو پہلے کبھی ہوا کرتی تھی۔ لکھنو یونیورسٹی میں مقبول لاری، اردو ریسرچ سنٹر کی عمارت کی تعمیر کا سلسلہ پروفیسر محمود الحسن کی مساعی سے جب شروع ہوا تھا تو کچھ حلقوں نے مخالفت کی تھی لیکن وائس چانسلر جناب سوڈھا صاحب اور لکھنو یونیورسٹی کے بالغ نظر، وسیع الخیال اور شریف تعلیم یافتہ طبقہ نہایت مدبرانہ اور دانشورانہ انداز میں اس مخالفت کا مقابلہ کرتا رہا اور وہ مخالفت اب صدائے نارسا سے زیادہ حیثیت نہیں رکھتی۔ یہاں یہ عرض کرنا بھی ضروری ہے کہ تمام مسابقتی امتحانات میں اردو ایک اہم مضمون کی حیثیت رکھتی ہے اور اکثر ملازمتوں میں اردو جاننا یا ناگزیر ہے یا اردو جاننے والے کو ترجیح دیئے جانے کا اعلان ہوا ہے اور ابھی بہت سارے روزگار کے مواقع اردو والوں کیلئے نکلنے والے ہیں مثلاً ہر اس علاقے میں جہاں اردو بولنے کی آبادی کا تناسب پندرہ فیصد ہے وہاں ایک کالج ایک جونیر کالج اور اسکول قائم کیا جائے گا اور جس میں اردو داں اساتذہ کا تقرر ہو گا اور جس میں محتاط انداز کے مطابق کم از کم پندرہ ہزار کی اردو داں مقرر ہو سکیں گے اور یہ تعداد اس کے علاوہ ہے جو عموی زمرہ میں ۴۵ ہزار مدرسین کے تقرر کے سلسلے میں دیگر طبقات کے ساتھ اردو جاننے والوں کی بھی ہو گی۔

شاید یہ کہا جائے کہ ملازمت کا کاٹے گدائی زبان کی زندگی کا معیار نہیں بن سکتا شاید کسی حد تک یہ بات درست بھی ہو لیکن اصل اہمیت ان ملازمتوں کی بھی نہیں ہے بلکہ فضاء میں اس تبدیلی کی ہے اس خوشگوار ذہنی رجحان کی ہے جس کا اظہار ان چھوٹی چھوٹی باتوں سے ہو رہا ہے یہاں اس پہلو کی طرف بھی اشارہ کرنا ضروری ہے کہ کشمیر و جموں ہماچل پردیش سے کلکتہ تک جس میں اتر پردیش اور بہار کے بہت بڑے بڑے صوبے شامل ہیں وہاں اردو کے حق میں سازگار فضا بن چکی ہے اور اردو قومی دھارے میں رہتے ہوئے اپنا وہ کردار ادا کر رہی ہے جو اس کا منصب تھا اور رہے گا۔

ایک کمی کی طرف اشارہ نہ کرنا بھی غلط نہ ہو گا جس طرح حیدرآباد میں اردو میڈیم اسکول اور کالج ہیں (خراب نتائج کے با وجود) اس طرح اتر پردیش میں نہیں ہیں۔ رضاکارانہ طور پر جس طرح عابد علی خاں ایجوکیشنل سوسائٹی گرمائی کلاسس کا اہتمام کر رہی ہے اس طرح کا کوئی اہتمام اتر پردیش میں نہیں ہے اتر پردیش میں اردو اخبار بینی کا وہ رجحان بھی کم ہے جو حیدرآباد میں ہے دو اخبارات کے علاوہ اردو کا کوئی وقیع اور قابل ذکر روزنامہ بھی اتر پردیش سے شائع ہو تا۔

کاش اتر پردیش میں بھی ایک عابد علی خاں ہوتے!

اردو میڈیم کا تجربہ ابھی وہاں نہیں ہو سکا ہے اور اس کیلئے ماحول بھی شاید سازگار نہیں ہے یہاں اس کا اظہار بھی ضروری ہے کہ کچھ برسوں پہلے سخت ترین حالات میں بھی اردو بہت ہی مستحکم بنیادوں پر پھیلتی رہی ہے اور یہ مستحکم بنیاد رابطہ کمیٹی، دینی تعلیمی کونسل، تنظیم المکاتیب اور دیگر دینی مدرسوں کی دین ہے جن کے نصاب میں اردو بھی شامل ہے اگر وہ اور صوبوں کی طرح ہندی کے توسط سے اپنے عقائد کی ترویج کرتے تو کوئی شرعی شکل و قباحت نہیں تھی اس لئے اس طرح کے ادارے اردو والوں کے

خصوصی شکریہ کے مستحق ہیں۔ اقبال نے کہا تھا۔

ذرا نم ہو تو یہ مٹی بہت زرخیز ہے ساقی

آج اس مٹی سے پھر مرغزار جنم لینے والے ہیں اور خون دل سے جس زبان کی آبیاری کی گئی تھی اس کے لالہ زاروں میں نئی بہار کا بسیرا ہے یہ ضرور ہے کہ وہ لوگ جنہوں نے اردو کے نام پر روپیہ بٹورنے کی مہم شروع کی تھی اور انجمن بازی کے ذریعہ اپنے گھروں کی آرائش کرلی تھی ان کا مستقبل کچھ دھندلکے میں چلا گیا اس لئے کہ عوام بھی اور شاید حکومتیں بھی اس بازی گری سے بیزار ہو چکی ہیں۔

لوگ یہ اچھی طرح جان چکے ہیں کہ زبانیں نہ بنائی جاتیں ہیں نہ انہیں شجر خزاں رسیدہ کی طرح قطع کیا جا سکتا ہے وہ مشوروں کے سہارے نہ ترقی کرتی ہیں اور نہ آئے زنی سے زبان کی صحت پر کوئی اثر پڑتا ہے اردو کے شجر کی آبیاری سماجی معاشرتی اور عوامی رجحانات کے خون جگر سے ہوتی ہے اس لئے اردو کا وہ نغمہ سوداخام نہیں بلکہ اس کے نقش کو رنگ ثبات دوام حاصل ہے۔

* * *